哲学的故事

成云雷 /著

长江出版传媒 | 长江文艺出版社

图书在版编目（CIP）数据

哲学的故事 / 成云雷著. --武汉：长江文艺出版
社，2022.10
　（百读不厌的经典故事）
　ISBN 978-7-5702-2769-3

　Ⅰ. ①哲… Ⅱ. ①成… Ⅲ. ①哲学—青少年读物
Ⅳ. ①B-49

　中国版本图书馆 CIP 数据核字（2022）第 112846 号

哲学的故事

ZHEXUE DE GUSHI

| 责任编辑：杨　岚　王天然 | 责任校对：毛季慧 |
| 整体设计：一壹图书 | 责任印制：邱　莉　胡丽平 |

出版：长江出版传媒　长江文艺出版社
地址：武汉市雄楚大街 268 号　　　邮编：430070
发行：长江文艺出版社
http://www.cjlap.com
印刷：武汉市首壹印务有限公司

| 开本：720 毫米×1000 毫米　　1/16　印张：9.25 |
| 版次：2022 年 10 月第 1 版　　2022 年 10 月第 1 次印刷 |
| 字数：112 千字 |

定价：28.00 元

目 录

第一辑 哲学与哲学家

第二辑　认识世界

第三辑　人生之谜

第四辑 伦理与文化

第五辑 知识与智慧

第六辑　日常生活中的哲学

第一辑

哲学与哲学家

什么是哲学

曾经有人说过："对于哲学家来说，最恶毒的问题就是问他什么是哲学。"

什么是哲学，一千个哲学家有一千个答案。不同哲学派别都称自己的思想为哲学，说明哲学还是有共同的特点的。

中国古代用"哲"来指代聪明而有智慧的人。后来，"哲"成为立身处世的智慧，成语"明哲保身"来源于《诗经》里的"既明且哲，以保其身"。《尚书》里说"知人则哲"。聪明是眼睛好使，耳朵好使，哲是脑子好使，心智发达。

"哲学"两字的连用首先是在日文里，19世纪，日本最早的西方哲学传播者西周首次用汉字"哲学"表示源于古希腊、罗马的"爱智慧"之学。中国晚清的学者黄遵宪将这一表述介绍到中国之后，中国哲学界逐渐开始用它来表述中外古今的哲学学说。

哲学智慧在不同时代有不同的表现形式。就中国传统哲学来说，先秦时期的哲学主要是诸子之学，儒、道、法、墨等各种学说探讨如何结束乱世走向太平。两汉为经学，探讨如何构建与大一统帝国相适应的国家意识形态。魏晋为玄学，儒道互补，把道家的人性自然理论融合到儒家的治国理论中去。隋唐以后，佛学逐步兴盛，并和儒家、道家思想逐渐融合，形成理学、心学，主要兴趣在于修身和治国。

西方哲学的兴趣最初主要集中在认识世界方面，亚里士多德认为，哲学即爱智慧。他把哲学看成是全部知识的总和，从大宇宙到小宇宙，包括所有的具体知识。他被称为"百科全书式的哲学家"，就跟这种哲学观有关。从毕达哥拉斯以后，"哲学"在古希腊的核心含义就是"爱智慧之学问"。

近代以来，随着各门具体科学从哲学中独立出去，哲学的地盘越来越小。一些哲学家提出哲学是"科学之科学"，是"知识之知识"，认为哲学是关于科学成立依据的科学。

对于这种观点，一些现代哲学家对此持反对态度，奥地利哲学家维特根斯坦写了一本《逻辑哲学论》，里面说："一个人对于不能谈的事情就应该保持沉默。"维特根斯坦的思想影响了一群被称为"维也纳学派"的哲学家。他们认为传统哲学关于宇宙人生所说的一切，既不真也不假，都是废话；传统哲学所回答的问题，都是形而上学的伪问题。这类哲学家认为上述问题没有回答的价值。

然而，罗素认为哲学是某种介于神学和科学的东西。按照罗素的观点，我们的现实生活中有许多问题，科学不能完全解决，但是人的理性又不愿意把对这些问题回答的权利交给神学，这个时候就产生了哲学。有了哲学，人们在不能确定时仍然能够顺利生活下去，而不会为犹豫所困扰。

对于大多数人来说，哲学是关于世界观的学问。所谓世界观就是人对于生活于其中的整个世界的根本观点和看法。哲学思考的是最一般的问题，而不仅仅是思考某个具体问题。

哲学思考什么样的问题

我国古代有个成语"杞人忧天",说的是杞国有个人担心天塌下来,吃不好饭,睡不着觉。这位杞人,过去人们认为他是个傻瓜,现在看来他有点哲学家喜欢琢磨问题的气质。

哪些问题我们称之为"哲学问题"呢?

与其他学科相比,哲学涉及宇宙、人生的最基本的问题。

一是宇宙之谜。

有人说:哲学从仰望苍穹开始。每个人都会在一生中的某个时候,抬头仰望星空,这个时候,一个巨大而朦胧的问题开始撞击他的头脑:世界是什么,世界从何而来?

古希腊哲学家泰勒斯的哲学很简单,流传下来的只有一句话,即"水是万物的本原"。他认为大地像一个圆盘子浮在水上,天上也是水,万物生于水,而归于水,水是不变的本体。泰勒斯实际上已经试图抛弃超自然力量,从自然本身来说明客观世界的神秘本性。赫拉克利特认为"世界是一团永恒的火",这团火无时无刻不在运动变化过程中。正是这种川流不息的变化,表现为气象万千的世界。

中国古代的《尚书》把木、火、水、金、土看成是构成宇宙万物的五种基本因素,这也是对世界本原的把握和思考。先秦时期的庄子认为世界万物自然而然地就是这样,比如,大风吹来,地上的洞、树上的洞,乃至自然界的一切洞穴都会发出声音,而又自己停止,这是自然而然的,并没有一个有精神的实体在有目的地发出这种声音。宋代的张载提出"太虚即气"，认为气聚则物生成，气散则物消亡。张载对世界的看法超出了当时科学发展的水平。

我们每个人都生活在茫茫宇宙中，关于宇宙，我们有好多问题要问。比如：宇宙从何而来？天地有没有边际？宇宙在时间上有开端吗？万物有一个共同的本原吗？甚至有人问：宇宙是可以认识的吗？

爱因斯坦是一位哲学修养很高的科学家。在他看来："世界上最不可思议的事，是这世界是可以思议的。"神秘莫测的宇宙，居然没有不能解的谜，而且可以用一些简单明了的公式来表示。

二是人生之谜。

哲学家认识世界归根到底是为了认识自己。人生之谜问的是人生的价值、意义和准则。当我们问"人的正常体温是多少？""人天生就有体质差别吗？"这些问题的时候，我们不需要把人和其他动物看作是完全不同的存在。人还只是一种生理对象。但是当我们问"人为什么天生会思考""人为什么可以运用理性？"这些问题的时候，人的特点就出现了。人和动物不同因为人和动物在智力上有质的不同：人有理性，人会思考。当我们问"人天生就有道德差别吗？"的时候，人之所以为人的特点尤其明显，因为只有人才能谈得到善和恶。

许多哲学家都致力于探讨人生问题。我国古代儒家认为"天地之间人为贵""人为万物之灵"，人为什么这么珍贵，孟子的说法是人有道德良知，会反思。佛教里面也讲人身难得，认为人比鸽子更有价值，其原因也就是人有灵性。这种灵性既包括认知能力，也包括道德行为能力。

人生有没有意义也是哲学家经常考虑的问题，法国哲学家兼作家加缪认为哲学最根本的问题是判断生活是否值得经历。照苏格拉底的看法，只有经过严肃考察的人生，才是真正值得过的。但是也有些哲学家怀疑人生的真实性，比如中国的庄子甚至认为梦与现实真假孰知，这种看法看起来荒诞，却能加深我们对人生问题的思索。

总的来说，"世界观"是哲学探讨的重要内容，对世界、人生的认识和研究又是世界观的重要内容；哲学还包括对认识的可能性条件与方法的分析，形成与世界观相辅相成的方法论。

哲学有什么用

关于哲学，我们经常会听到这样的质疑："哲学有什么用？又不能当饭吃！"

之所以会有人说哲学没有用，**一是由于哲学发挥作用的方式比较隐蔽。**

许多人经常运用哲学，但是不是自觉地，而是不知不觉地运用。儒家把这种现象说成"百姓日用而不知"。小孩子一觉醒来，琢磨梦中发生的事情是不是真的，这就是一种哲学思维。老人们说："将人心，比自心"，这也是一种哲学思想。有这种思想的人，己所不欲，勿施于人，做人、处世就常常能够站在他人的立场上来考虑。

二是由于哲学的用处往往是有大用而无小用。

惠子是战国时期的思想家。有一天，他听说梁国宰相去世，于是打算去梁国谋求相位，不料渡河时不慎掉入水中。船夫救起了他，问他要到哪里去，惠子说："因为梁国现在没有宰相，我准备去那里做宰相。"船夫听后笑话他说："如果没有我救你，你就可能被淹死了，你还有什么能耐去做梁国的宰相呢？"惠子回答说："驾舟行船我不如你，至于治国安邦，你与我比起来，只是一只刚出生还没有睁开眼睛的小狗而已。"你看，哲学家常常喜欢规划世界应该怎么样，但在具体生活层面可能并没有优势。

三是由于哲学无近用而有远用。

古希腊最早的哲学家泰勒斯有一回走在路上，因为抬头仰望天上的星相，竟然不小心掉到路旁的一口井里。有人嘲笑他说："你自称能够知道天上的东西，却不知道脚下面的是什么。跌进坑里就是你的学问给你带来的好处吧！"泰勒斯能够预见未来的事情，但不能避免走路时掉进井里。

哲学的上述特点决定了人们常常误认为哲学是"无用之学"。看到事物大的方面，而不关心小的方面，看到长远的方面，而忽视了眼前的方面，可能这也是哲学家的一个特点。许多哲学家在处理日常生活时并不比常人更加明智，有些哲学家的生活远不如一般人幸福，他们孤独、没有家庭甚至发疯。

那么，哲学的大的用处或长远的用处究竟是什么呢？

第一，哲学可以帮助我们提高理论思维能力。哲学未必能够给予人多少具体知识，却能够培养和锻炼人的理性思维。历史上在各个领域有创造性的人物，大多数都具有比较好的哲学素养。

第二，哲学为人生提供价值支撑。人之异于禽兽很重要的方面，就是人不仅要生活，还要赋予当下的生活以意义，人不仅跟自然交换物质，还要赋予天地万物以价值和意义。对意义和价值的思考，是哲学的传统。

第三，哲学通过对理想社会和理想人格的追求批判现实。如孟子提出王道、仁政的理想，也提出了自己的理想人格，这就是"富贵不能淫，威武不能屈，贫贱不能移"的大丈夫。柏拉图设想的"理想国"里，提到过"哲学王"。哲学通过对理想社会和理想人格的构想对现实生活进行批判，从而推进人的发展和社会的进步。

第四，哲学是一个民族的精神命脉。黑格尔说，一个有文化的民族，如果没有哲学，就像一座庙，其他各方面都装饰得富丽堂皇，却没有至圣的神那样。一个没有哲学思维的民族，就是一个没有文化创造力的民族。

　　总的来说，中国的现代化不仅是科学技术的现代化、生活方式的现代化，更重要的是人的现代化，人的现代化又主要是观念的现代化、思维方式的现代化，这些问题都可以纳入哲学思考的范围。

哲学家的超级大脑

哲学思维常常挑战人类大脑的思维极限，大多数哲学家都有一颗超级大脑。

哲学家的超级大脑有多神奇，看看维特根斯坦就知道了。

维特根斯坦上哲学课从来不备课，上课时他思索着哲学的底蕴，也要求学生跟他一起思考。大多数学生都跟不上他的思路，据说有些学生每上一次他的哲学课，要整整一个星期大脑才能从疲劳中恢复过来。而维特根斯坦也总是被自己的课弄得精疲力竭。他常常在讲课结束后立即离开，跑到电影院去，坐在第一排，让银幕上的图像占据大脑，这样他就可以暂时从"折磨"他的哲学思想中解放出来。

哲学家常常沉浸在自己的思维之中。据说黑格尔经常沉浸在自己的思考中，以至有时闹出笑话。有一次，黑格尔下午三点的课，他两点就去了。教室里听课的是另一批人，可是他没有察觉到，就讲起来。学生在下面暗示他讲错了，他沉浸在自己的思维中，根本就不理会。

如果以一句话来概括哲学家最显著的特征，也许是"哲学家是善于思考的人"。孟子说"心之官则思"，笛卡尔说"我思故我在"。不喜欢思考的人成不了大哲学家。

许多哲学家在儿时就开始思考哲学问题。罗素十一岁时学习欧氏几何，问他哥哥："甲和乙都等于丙，甲乙是否相等？"他的哥哥回答他："要是你不接受这些公理，那我们就讲不下去了。"罗素长大以后，研究了无数的哲学问题，其中一个就是数学的逻辑基础问题，应该说这跟他从小热爱思考有关。

哲学家的思考是一件紧张的、急迫的、严肃的工作。罗素在创作《数学原理》时，每天大约写作 10 到 12 个钟头，每年写 8 个月，花费了整整 3 年时间。

哲学家就是这样一群人，他们爱思考，爱追根究底。平常人一般是实实在在地生活在这个世界上，日出而作，日落而息，安享天伦之乐。而哲学家却总在追问："我"是谁？从哪里来？到哪里去？"我"在这个世界上处于何种位置？生活中有许多问题，这些问题，常识和科学或者认为荒唐可笑，或者回答不了也不知怎么去回答，但是哲学家努力在解答，在哲学家的叙述中，已有的知识得到澄清，未知领域的某些路径和方向逐渐明确起来，人类的思维由此得以深入。在哲学家看来，思考自我的所谓躁动才恰恰是为了通过质问这个世界而获得"安宁"。

哲学家的力量也在于思考。康德是个过着刻板生活的哲学家，起床、喝咖啡、写作、讲学、吃饭、散步，一切都有固定的时间，人们可以按照他的作息来对钟表。他一辈子独身。然而，就是这样一位过着宁静生活的书斋哲学家，却对他的时代乃至他以后的世界产生了震撼性的影响。

康德的力量在于批判，他的三大著作《纯粹理性批判》《实践理性批判》《判断力批判》都名之以"批判"（德国学术界的"批判"，并非我们日常语境中的"批评"，而更多地表达"分析、研究、反思"的含义），他以"批判哲学"来进行解释世界的工作。爱因斯坦在科学上的巨大成就，马克思在哲学上的巨大成就，都与康德哲学的启示有关。

哲学家的人品和作品

哲学家的人品与道德境界有关，作品与思维品质有关。

这两者有无一致性，值得思考。

一般而言，中国文化强调文如其人，认为人品和作品具有一致性。

中国古代先秦时期的哲学家孔子、墨子、老子、庄子的人格都很伟大。他们的共同之处是对当时的乱世不满，因而有自己心目中的理想社会和理想人格，都希望自己的学说为人类提供合适的生活方式。

孔子理想的社会是周代的礼乐社会，理想的人格代表是尧、舜、禹这样的古圣王。孔子一辈子不得志，与现实格格不入，孔子说："不义而富且贵，与我如浮云。"他认为自己不得志的原因就是不肯违背自我的原则。

庄子的理想社会是人与禽兽没有区分的混沌世界，他的理想人格是"混同万物以为一"的绝对自由的人格。从《庄子》中的相关内容来看，作为哲学家，他蔑视金钱和权势，思维跳跃，个性自由无拘无束。

我国南朝时的哲学家范缜，主张无神论，撰《神灭论》，主要观点是没有脱离人的肉体存在的意识。这个观点很超前，皇帝、大臣、僧徒联合起来围攻他，他"辩摧众口，日服千人"。当权者以高官厚禄来收买他，他一笑了之，表示绝不卖论取官，表现得很有骨气。

宋明理学家强调学者要有"气象"，要善于揣摩圣人的气象而学之。圣人的气象与其精神世界有关，经常揣摩圣人气象，知识分子身上就会逐渐形成君子风度。

西方的哲学家大多数也是人品高尚的人。

苏格拉底被宣布死刑后，拒绝朋友的资助和劝告，既不逃亡也不向公民法庭祈求，而要以自己的牺牲，唤醒雅典公民。苏格拉底是一个勇敢而坚定的人，他的心目中只有公平和正义。用他的学生色诺芬的话来说，他在各方面都堪称雅典人的模范。

康德有一句名言："有两种东西，我们对它们的思考越是深沉和持久，它们所唤起的那种越来越大的惊奇和敬畏就会充溢我们的心灵，这就是繁星密布的苍穹和我心中的道德律。"道德在康德看来是很崇高的，康德本人就是一个道德高尚的人。康德死后，全城的人都来向他送别，人们连续16天都来瞻仰死者遗容。当地报纸评价康德是"忠诚、和蔼、公正、仁爱"的人。

但是也有些哲学家人品和作品不一致。如英国哲学家培根，我们读他的《培根论文集》，不能不叹服他论友谊、谈真善美、讲人生的绝妙辞藻，但他本人却是一个德行有亏的人。他身为大法官，却公然接受贿赂，并因此而受到法律的惩罚。

德国哲学家海德格尔，曾经与纳粹合作。希特勒上台不久，他出任弗莱堡大学校长，多次发表演说吹捧希特勒，号召人们对希特勒效忠。

可见，哲学家不一定是道德高尚的人。对于哲学家人品和作品的这种背离现象，**我们不必因人废言**。有些哲学家人品不好，但其作品促进了人类知识的进步，也不妨认真阅读和研究。也许，哲学家人品和作品的不一致，本身也是我们理解哲学家著作的一个新的视角。比如，在发现海德格尔的思想和他的人格表面上的不一致以后，可以反过来从他的人格获得理解他的思想的一种新视角、新思路，从而获得一种新的理解。

哲学家的师生情

哲学思想犹如薪火相传，大哲学家和学生往往如同亲人。

孔子是中国儒家思想的创始人。传说孔子门下有弟子三千，七十二贤人。孔子对他们都很喜欢，其中最喜欢的是颜回。

颜回这个人，给人的印象很神秘，吃得住苦，不大吭声，但很聪明，闻一以知十，连素来自负思维敏捷的子贡也自认不如颜回。

颜回死了，孔子哭得很伤心："老天爷，真是要我的命呀！真是要我的命呀！"

孔子的其他学生爱护老师的身体，劝他节哀。

孔子说："这个人死了再不哀痛，我还哀痛谁呢？"可见，孔子与颜回之间感情之深。

《论语》的第一章讲："学而时习之，不亦乐乎？有朋自远方来，不亦乐乎？人不知而不愠，不亦君子乎？"

其中的"朋"，有人认为是指学生。孔子晚年，学问大成，前来请教学习的人很多。孔子把这些人都称为朋友。

孔子的学生很多。过去人们常常说他有"三千弟子，七十二贤人"。孔子和这些学生讲学之余，弦歌诗颂，其乐融融，后人把孔子教学的地点称为"杏坛"，孔子被称为"至圣先师"。

孔子死后，他的学生在一起服丧三年，然后才分散开去。子贡在孔子坟墓附近搭建了草庐，一共住了六年才离开，这展现了弟子对孔子的深厚感情。

我们现在读《论语》，还常常为师生之间的真挚感情所感动，孔子给我们的印象是温和、宽容、坦率。

心学大家王阳明的学生很多，他的《传习录》一书就是他的学生辑录他说的话而成。王阳明谪居西南时，从全国各地赶来向他学习的人有几百人。

苏格拉底、柏拉图、亚里士多德是古希腊最有名的三大哲学家，他们有师承关系。

苏格拉底一生述而不作，他本人没有留下一部著作，我们现在能够了解他的思想，主要靠他的弟子柏拉图。

柏拉图二十岁时拜苏格拉底为师，此时，苏格拉底已是年逾六十的人了。柏拉图被老师的哲学所吸引，放弃了文学创作，把旧诗稿付之一炬，专心致志地学习哲学。他追随老师，不离其左右，在苏格拉底身边整整度过了八年。

后来回忆起这段生活时，柏拉图不无自豪地说："我感谢神，使我生活在苏格拉底时代，使我做了苏格拉底的学生。"柏拉图把苏格拉底说成"人类中最有智慧的人"。

师生之间感情的互敬互爱，并不妨碍学生对真理的追求。亚里士多德从 17 岁时来到柏拉图学园，整整在这里生活和学习了二十年。柏拉图很欣赏亚里士多德的才学，把他誉为"学园之魂"。

亚里士多德有一句名言："吾爱吾师，吾尤爱真理。"他的好多思想与柏拉图并不一致。他认为尊敬老师和爱戴老师，就应该把老师的思想发扬光大，发现老师有违背真理的地方，就应该将其纠正，站在真理一边。

老师对学生的影响，无论是正面或反面，无论学生有没有接受老师的主张，都会推动哲学的发展。因为哲学的发展要么是对前人思想的继承，要么是对前人思想的纠正和创新。

哲学家的童年

孔子三岁的时候，他的父亲就去世了。十几岁的时候，母亲也离开了他。童年孔子最感兴趣的就是礼，尤其是跟礼有关系的音乐。只要有贵族举行盛大礼仪，孔子一定要去旁观，有时候还要厚着脸皮去请教。所以，孔子虽然未受过正规教育，成年后却成为当时最有名的礼仪文化专家。

孟子是鲁国贵族孟孙氏的后代，但他年少时，家道已经中落。童年时期，他的父亲过早去世，留下孤儿寡母，相依度日。孟子早年生活艰辛，幼年时主要由母亲教育。孟母为了寻找一个适合孟子的生活环境，曾经搬了三次家。这就是著名的"孟母三迁"。

西方也有不少哲学家，在童年时就显示出了过人的天赋。**笛卡尔**出生在一个法国的贵族家庭，从小就爱思考问题，喜欢追根究底，想知道天下每件事情的原因。但少年笛卡尔并不是父亲最喜欢的孩子，有一次，他父亲大为恼怒地说："在我所有的孩子中，我不满意的只有这一个。难道这离奇的钻牛角尖的孩子必须诞生于世吗？"

莱布尼茨于1646年出生在莱比锡，他父亲是莱比锡大学的道德哲学教授。知识分子的家庭背景对他的成长无疑大有益处。父亲留下的大量藏书使他从小就接触到古希腊、古罗马的文化，阅读了大量古代文学和哲学作品。他后来这样谈论自己：他还是一个小孩子的时候，就能一天之内用拉丁文写出300行圣诗。

帕斯卡从小喜欢数学，但他的父亲害怕小帕斯卡因此不去学习拉丁语和其他语言，便从来不让他接触数学书，甚至从不在他面前谈论数学问题。有一次帕斯卡偶然听到父亲说，数学是做出正确图形和找到图形间比例关系的工具。仅凭这个暗示，12岁的帕斯卡便开始在地砖上用炭笔画几何图形，发明图形的名称，制定公理并进行论证，直到论证出欧几里得《几何学》第一卷的三十二个命题。

哲学家童年智力的超常发展，往往要以牺牲其他方面的天赋为代价。对于许多哲学家来讲，他们的童年没有一般孩子的游戏乐趣。

缪勒三岁起就受到父亲严格的教育，然而，这种惊人的教育成效，却是以他日常生活能力的低下为代价的。他在自传中说，自己处理日常事务的时候极其笨拙，穿衣服总要花费比其他人更多的时间，他常常沉浸在自己的幻想中，对眼前发生的事视而不见，听而不闻。

尼采六岁时上了学，是个虔诚的爱沉思的孤独者。他举止非常有礼貌，循规蹈矩，刻板得不像个小孩子。有一天放学，天上下着倾盆大雨，别的孩子都拼命往家跑，唯独他一个人慢慢吞吞地在路上走，用帽子和小手绢盖着写字用的小石板。到家后，他浑身已经湿透了，母亲责怪他为什么不走快一点，他回答说：学校制度规定不许学生在放学回家的路上蹦蹦跳跳，他不能破坏学校制度。

哲学家童年的生活经历往往影响了他们哲学观点的表述，孟子讲"知人论世"，了解一个人的思想的方法之一是了解他的生活。

哲学家之死

毕达哥拉斯是古希腊的大哲学家。

相传，有一天，他带着学生们在一个贵族家里讲学。一伙人来到讲学的地方，把房子烧了。毕达哥拉斯和他的学生们试图冲出火海，但一块豆子地挡住了去路。他声称宁肯被逮捕也不愿意践踏豆子，并且说，宁肯由于崇尚豆子而死去，也不愿意违背戒律而求生。这时，追他的人赶了上来，毕达哥拉斯和他的40多名学生惨死在这群人的棍棒之下。

比毕达哥拉斯死得更悲壮的是**苏格拉底**。

公元前399年春的一天，苏格拉底在古希腊的雅典城受审。

据历史学家研究，当时的雅典城里的正式公民有2万人，而外邦人和奴隶约有20万。也就是说，平均每10个奴隶养活1个雅典公民，衣食无忧的雅典公民每天把大部分时间花在游戏和聊天上。据说，典型的雅典人是这样走路的，他们双手背在背后，漫无目的地溜达，而且一会儿向左走两步，凑到人前面去侃一阵，一会儿向右走两步，和另外几个人再侃几句。

苏格拉底就这样经常在大街上找人谈话，谈论诸神和世界，分析人生意义，争论什么是善，什么是勇敢。苏格拉底并不像其他学者那样自称自己掌握了丰富的知识，而是声明自己无知，对什么问题都不懂，他总是提出问题让别人回答。但是当别人给出各种答案时，他对每一种答案都进行反驳，弄得对方漏洞百出。他的这种做法得罪了不少人，当时有 3 位雅典公民对他进行控告。控告的罪名有两条：第一，他不信奉本城邦所信奉的神，而是宣扬一种新的神；第二，他腐蚀青年。苏格拉底进行了答辩，500 名陪审员投票的结果是 280 票比 220 票宣告被告有罪，判处死刑。

在当时的情形下，苏格拉底完全可以逃脱一死。按照雅典的法律规定，被判死刑的人可以选择流放或缴纳罚金来代替死刑。他的几位有钱的朋友也花钱买通了看守，如果他愿意，他就完全可以逃走，可是他没有选择认罪的道路，而是摆出了批判现行法律的姿态；他也没有对现行法律采取任何反抗行动，而是平静地等待死亡。苏格拉底把自己的良知和人格看得比生命还重，在生与死之间选择了死。

这就是后来人们一再谈起的苏格拉底之死。苏格拉底之死告诉我们，在许多哲学家看来，真理、良知、人格远比生命更加重要。

人固有一死，但对待死亡的态度各不相同。**一般来说，哲学家对待死亡的态度比一般人要超然。**孔子不大谈死的事，他对学生的教诲是："未知生，焉知死？"他认为生是值得考虑的问题，而死不是。这是很具有哲思的，西方哲人维特根斯坦也有类似的看法，他认为死不是生命中的一件事情，没有一个活着的人经历过死，所以死根本不是一个问题。

妻子死了，庄子鼓盆而歌，这在当时是惊世骇俗的事情。但在庄子看来，生死是自然过程，不值得为之欣喜，也不值得为之悲伤。庄子快要死的时候，弟子们忙着准备棺材及陪葬的物品，想好好厚葬他。庄子说："死了露天让乌鸦老鹰吃，埋在土里被蚂蚁吃，从乌鸦嘴里抢来给蚂蚁，你们为什么这么偏心呢！"庄子临终的话，没有半点哀伤悲泣，而是充满旷达乐观的人生豪语。

对一些哲学家来讲，死亡意味着解脱。曾子临死前把他的弟子喊过来，说："放松我的手，放松我的脚，人生在世就是'如履薄冰，如临深渊'，从今以后，我再也不必这么紧张了。"曾子是孔子晚年弟子，他自称"吾日三省吾身"，道德责任感很强，他的生活很拘谨甚至是沉重，所以死对于他来讲是对人生负担的摆脱。

哲学家不怕死，但也并不轻视生命。比如孔子并不赞成子路那种徒手搏虎式的轻生之勇，儒家思想讲"天地之大德曰生"，不主张毫无原则地放弃自己的生命，孟子就说有道之士不会站在将要倒塌的墙壁下面。只有在生和死，鱼与熊掌不可兼得时，活下去违背道德原则和人格尊严，活下去成为耻辱时才会杀身成仁，舍生取义，这样的死才有价值，才是重于泰山。

不畏权势的哲学家

庄子的朋友惠子给梁惠王做相，庄子去看望惠子。

有人对惠子说："庄子是来抢夺你的相位，取而代之的。"惠子听了很担心，派人在城里搜寻庄子，搜寻了三天三夜。

庄子得知了这个消息，见到惠子后，对他说："你听说过吗？凤凰从南海飞到北海，行程万里，不是梧桐树它不栖息，不是甘泉水它不喝。一次猫头鹰得到一只死老鼠，恰逢凤凰从空中飞过，猫头鹰一看，吓了一跳，以为凤凰要抢它的死老鼠，发出一声怒叫。如今你也因为你的梁国而怒斥我这个老朋友吗？"

庄子把权势比作死老鼠，反映了他对权势的藐视。显然，庄子认为人的生命、人的自由要比权势重要。

哲学家的兴趣在于探索智慧，轻视权势是世界上大多数哲学家的态度。相对道家，儒家比较鼓励积极入世，《论语》中说："学而优则仕。"学有余力就出来做官。但做官不是目的，而是实现政治理想、拯救天下苍生的手段。他还说，在天下无道的时候，一个人如果有钱有地位，那是很可耻的。

孟子在王公贵族面前始终保持着自尊而又不可侵犯的独立人格。孟子曾经对齐王说："天下公认尊贵的东西有三样，即爵位、年龄、道德，君主怎么能够凭借爵位而轻视长者与有德性的人呢？"真正有作为的君主，应当礼贤下士。孟子所捍卫的，是一种独立于权势的人格尊严。

古希腊的哲学家柏拉图，有着高贵的门第，以他的出身门第和背景要爬上高位是很容易的。但他一辈子致力于追求智慧，在周游的过程中，他总是喜欢用哲学来规范现实政治。为此，柏拉图得罪了不少统治者。有一次，叙拉古城的统治者狄奥尼修甚至要砍他的头。柏拉图认为解决人类困境的办法在于政治和哲学的结合，在他的名著《理想国》里，统治者叫"哲学王"，他认为只有哲学家获得政治权利，人类才会过上好日子。

庄子晚年时，在濮水边钓鱼。楚王派两位大夫前来致意，并对庄子说："我们楚王希望把国家大事托付给先生您！"庄子手持钓竿，连头也不回，说道："我听说楚国有个神龟，已经死了三千年，国王把它藏在竹箱里，外面用手巾盖着，珍藏在庙堂之上。请问，那神龟是愿意死而留下尸骨让人家尊重呢，还是愿意拖着尾巴在泥里爬行地活着呢？"两位大夫说："那当然是愿意拖着尾巴在泥里爬行了。"

在庄子看来，"曳尾于涂中"，比"得意于庙堂"更值得选择。权势带来了物质利益，也导致人的不自由。一般人只看到富贵所带来的享受、快乐等好处，却忘记了求取富贵过程中的种种危险，更无暇顾及富贵可能带来的灭顶之灾。庄子以他对社会人生的深刻体验，从反面去审视富贵，看到了富贵后潜伏着的灾难，这正是他作为哲人的过人之处，也正是他视富贵如尘埃的原因。

哲学家在权势面前表现出来的人格尊严使他们能够以一种超脱的态度来看我们这个世界，从而为人类的精神打开一个个广阔的空间，帮助人们从狭隘的境界中解脱出来。

哲学家与音乐

音乐对于一些哲学家来讲是最好的情感镇静剂。

孔子周游列国，被困在陈蔡，断粮七天，随从的弟子差不多都病倒了，孔子却还在弹琴唱歌。子路气冲冲地跑去责问孔子："情况如此危险，老师还在唱歌，这合理吗?"孔子没有回答，等唱完一曲，才说："音乐可以让一般的人忘掉害怕。你们这些追随我的人，难道还不理解我吗?"子路听了孔子的话，高兴起来，于是就和着琴声歌舞了起来，舞了三曲才拜谢退下。

《论语》里多处记载孔子鼓琴，还说孔子"在齐闻韶，三月不知肉味"。可见孔子对于音乐的着迷。

庄子笔下经常写到"大块噫气"，意思是整个大自然的声音很像一首交响乐。

深受庄子影响的嵇康精通音乐，写过《声无哀乐论》，是魏晋玄学中的大家。嵇康临刑前索琴弹《广陵散》，并说"《广陵散》于今绝矣"，哀叹自他死后，佳音、雅音亦绝。他是以《广陵散》自喻，叹自己人格之高，而不知效法者能有多少。后来人们把广陵散称为千古绝唱。

西方哲学家笛卡尔、斯宾诺莎、莱布尼茨都写过关于音乐的文章，除了洛克、康德明确表示不喜欢音乐外，大多数哲学家都喜欢音乐。在这些爱好音乐的哲学家中，叔本华擅吹长笛，穆勒和尼采以弹钢琴见长，维特根斯坦爱吹单簧管。但最杰出的演奏家要算边沁，他对小提琴、古钢琴都很精通。

　　尼采的父亲是一个很有天赋的音乐家。在尼采小时候，每当他莫名其妙地哭闹起来，父亲便弹琴给他听，他就非常安静地坐在他的小车里。尼采长大后，曾经给他母亲写信说："在听不到音乐的地方，一切对我来说似乎都是死寂的。"早年的尼采同音乐家瓦格纳有过十年的友谊，尼采非常迷恋瓦格纳的音乐。尼采在发疯前的几个星期还经常在钢琴上即兴演奏几个小时。即使在精神错乱中，在钢琴上即兴弹奏几个小时也会使他感到很快乐。他有一次写道："没有音乐，生活就是一种错误。"

　　黑格尔是一位高度理性的人，著名诗人荷尔德林是黑格尔的同学、最要好的朋友，但当他精神错乱，被关进精神病院后，黑格尔一次也没有去看望他。因为黑格尔是主张理性至上的，一个人丧失了理性，在黑格尔看来，就等于死亡了。信仰使他中断了与荷尔德林长达十年的友谊。但是像黑格尔这样一位高度理性的人却酷爱音乐。他的传记作家罗森克兰茨说过，黑格尔偏爱格鲁克和莫扎特的器乐。他称赞乐器演奏的精湛技巧是令人惊羡的内在和外在控制的能力，这种控制能力通过克服似乎难以对付的困难而获得自由。

　　历史上也有少数哲学家反对音乐。比如墨子就提出了非乐。墨子反对一切艺术活动，他认为音乐不能解决人们的吃饭、穿衣问题，不值得把人的精力花费在这些方面。德国哲学家康德对音乐的看法比较独特。他认为，音乐固然是最令人愉快的一种艺术，因为它和纯粹感觉密切相关。而且音乐太灵巧，所以不易控制。康德告诫他的学生不要对音乐产生严肃的兴趣，否则就不能专心致志于科学，他还害怕音乐会使学生变得柔弱娇气。

读书笔记

·哲学涉及宇宙、人生最基本的问题，在不同的时代有不同的表现形式。

·总的来说，哲学就是认识世界和认识自己。对世界的认识就是世界观，对人生的认识就是人生观，研究这种认识的就是哲学所说的认识论。

·哲学可以帮助我们提高理论思维能力，为人生提供价值支撑，通过对理想社会和理想人格的追求批判现实。

·研究哲学问题和哲学智慧的人就是哲学家。他们大多善于思考，热衷探索智慧，轻视权势，热爱音乐，对待生死的态度更淡然。在哲学家的叙述中，已有的知识得到澄清，未知领域的某些路径和方向逐渐明确起来，人类的思维由此得以深入。

认 识 世 界

天上有何物

有人说，哲学从仰望苍穹开始。每个人都会在人生中的某个时候，抬头仰望星空，心中涌现一些朦胧而奇怪的问题。宋代大哲学家朱熹幼年，刚会说话时，父亲朱松指着天给他看，说："这是天。"朱熹便问："**天上有何物？**"他父亲觉得十分惊讶。无独有偶，与朱熹齐名的陆九渊三四岁时就问父亲天地有没有尽头，父亲没有回答，陆九渊为了想通这个问题而废寝忘食。

哲学思维的特点是穷根究底。类似的追问，朱熹之前的哲学家也有。战国时期的大哲学家庄子就曾经问道："**天看起来是深青色的，是天本来的颜色呢，还是太远了看起来是这种颜色呢？**"

与庄子同样是楚人的文学家屈原也很关心这一类的问题。屈原在其名篇《天问》中，一口气问了一百多个问题，其中不少有关天地万物的源起。如：**天地未形成之前的混沌状态究竟是怎样的？天地交会之处在哪里？白天光明夜晚黑暗，究竟是为什么？**

《红楼梦》中的林黛玉，在《葬花词》中写下"天尽头，何处是香丘"，把对于个体生命归宿的追问融入对于天尽头的追问中。

朱熹的"天上有何物"表面上是在问：天的外面有什么东西？实际上是在问：**在我们人类视野所及的空间之外，有没有更为广阔的空间？再进一步，即空间是有限的还是无限的？**如果我们把时间、空间乃至万物的起源搞清楚了，"天上有何物"这样的问题也就有了答案。

古代印度人认为世界起源于梵天的一个梦，等梦醒了，世界就将消失。中国古人的说法是盘古开天辟地：远古时代没有天地，只是混元一气，盘古生在其中。天每天长高一丈，地每天下沉一丈，盘古随着天地分开而长高，他头顶着天，脚踏着地，经历了一万八千年，盘古死了。他的身体化为山河大地，毛发化为草木，骨骼化为山丘，血脉化为江河。

不过上述创世神话和传说，比较原始。随着人类思维的发展，人们逐渐放弃了这一类说法。

世界是一团火

　　世界上万事万物，形态各异，是否出自一个共同的本原？古代的许多哲学家都想找出万事万物的共同点、统一性，以更好地把握世界。古希腊哲学家赫拉克利特认为世界是一团**火**。他曾经说：这个世界对于一切存在物都是一样的，它不是任何神，也不是任何人所创造的，它过去是、现在是、将来也是一团永恒的活生生的火，也会按照一定的分寸燃烧，按照一定的分寸熄灭。在赫拉克利特之前的哲学家泰勒斯则认为世界的本原是**水**。古代的中国人把世界的本原归结为"**金、木、水、火、土**"，称之为五行，印度人把世界的本原归结为"**地、火、水、风**"，称为四大元素。无论是"火"本原说，"水"本原说，或是"四大说""五行说"，其共同点都是把世界归结为一种或几种共同的元素。

　　今天，我们站在现代分子、原子说的肩膀上，回看这种分类法，也许会觉得过于笼统。但我们要知道，那时人类对世界的了解才刚刚起步，古希腊哲学家们提出的"一"的归拢概念，也不是指物质性的元素，而是以一种超脱物质的直观形式来思考世界本原的思维方法。

我们生活在矛盾的世界里

"矛盾"这个词来源于《韩非子》里的故事：

有一个楚国人拿着矛和盾在大街上兜售。他说："我的矛是世界上最锋利的，能穿透任何最坚固的东西。"接着，他又说："我的盾是世界上最坚固的，没有任何利器能够穿过它。"于是，旁边有人问："如果用你的矛去刺你的盾，怎么样？"这个楚国人张口结舌，无言以对。

韩非子说的自相矛盾意思是逻辑矛盾。是指人们在叙述问题、回答问题时出现的首尾不一的现象。

黑格尔和马克思的辩证法所讲的矛盾与此不同，指的是**客观事物既对立又统**一的这种情况，以及这种情况在人们思想上的正确反映。需要注意的是，"对立统一"不是任意客观事物之间的对立统一，而是指具有相反规定性概念、事物组成部分之间的对立统一。比如"核弹"与"熊猫"之间便不存在这种意义上的对立统一关系，而一张纸的正反两面却是对立统一的。

"蝉噪林愈静，鸟鸣山更幽。""噪""鸣"和"幽""静"是对立的，但是在诗人的笔下又是统一的。空旷的山林里，几声蝉叫，几声鸟鸣，不仅不使人觉得嘈杂，反而使人觉得本来寂静的山林越发幽静。中国人喜欢说的相反相成就是这个道理。

传说老子得道出函谷关，留下了道德经五千言，里面说"长短相较""高下相倾"，长和短，高和下，是相互对立的范畴，但离开了前者也就没有后者。好人是相对于坏人而言，世上没有坏人了，和坏人相对而言的好人也就没有必要单独作为一类人而存在了。美是相对于丑而言，正是由于世界上有那么多丑的人、丑的事，所以美的东西才显得那么珍贵。

相反相成用现代哲学的话来说，就是**矛盾着的对立面互相依存，不可分割**。比如说，一块磁铁，一头是北极，一头是南极，南北两极是互相对立的。我们沿着中心线把这块磁铁锯成两块，能得到一块只有南极的磁铁和一块只有北极的磁铁吗？不能。我们得到了两块磁铁，每一块都有南极和北极。把它们再锯成两半，结果还是一样。如此不断分割，每块磁铁都有两极。

我们所处的世界是个充满矛盾的世界。自然科学表明，在自然界中，任何物质性客体之内，没有不存在矛盾的。在物体之间、分子之间、磁极之间、基本粒子之间，以及基本粒子的内部，都不仅存在着引力和聚合的趋势，同时也存在着斥力和离散的趋势，它们形成引力和斥力，聚合和分离的矛盾。

人的一生也往往充满矛盾，苦难和幸福交织在一起。年龄大、阅历多的人谈起人生，常常说：苦乐参半。人生有苦也有乐。纯粹幸福地过一生，完全痛苦地过一生，都是人生的极端。大多数人的人生恐怕是既有痛苦的时候，也有快乐的时候，所谓苦乐圆融、喜忧相伴。人往往在年轻的时候畅想未来，把人生想得过于乐观，及至稍遇困难，又往往想得过于悲观，都是不懂得这个道理。

由于矛盾是普遍存在的，但矛盾的双方是可以统一起来的，这就要求我们在现实生活中，用对立统一的观点来看问题。做事情，既要看到有利因素，也要看到不利因素，看人既要看到优点，也要看到缺点。只有这样，才能避免片面和极端，做事情有分寸，收到好的效果。

眼见未必为实

"眼见为实"是我们经常说的一句话。从哲学上来看，这句话涉及感觉和客观事物的关系问题，认为凡是感官感觉到的都是真的。我们对世界的认识绝大部分是建立在以视觉为主的感觉的基础上，但是，是否感觉到了的东西就是真实的东西？这还是值得思考一下的。

我们可以从两个方面来认识这个问题。

从人的感觉来说，我们常常会有错觉。比如说，一根笔直的筷子插到玻璃杯里，我们会觉得筷子是弯的，因为水和空气有不同的折射率。被人猛击双眼，会觉得眼冒金星，实际上眼前并没有金星，而是脑神经在受到猛烈撞击后产生的幻觉。即使没有错觉也不出现幻觉，我们也不能靠眼睛等感觉器官就完全把握现实世界，因为我们的视觉所看到的是一定波段内的东西，超出这一范围我们就看不到了。比如，鹰在几千米的高空能够一下子抓到草丛中的老鼠，因为鹰能看到紫外线，老鼠的尿迹在鹰看来宛如彩虹，顺着这道彩虹鹰就能抓到老鼠。所以，如果有一种感官不同于人类的生命进化为智慧生物，那么，他所描述的真实世界恐怕和我们的大不相同。

就认识对象而言，自然界的有些现象真假难分。比如说，许多动物的保护色，就是一种假象。大天蚕蛾翅膀上有巨大的眼睛图案，能够吓退敌人。雨蛙在石头底下是棕色的，但晒几小时太阳后就变成了绿色；它的大腿上还有假眼，身后的敌人以为被发现了，就不敢贸然进攻。

　　至于社会历史现象，那就更加复杂，真伪难辨，我们常常说的"大智若愚""大奸若忠"就是说的这种情况。中国文化中，周公是和孔子齐名的圣人，但周公刚辅佐成王时，人们都认为他有篡权的野心；王莽是和曹操并列的奸贼，但王莽篡政前，为了收买人心，做了不少好事，当时的人们甚至认为他的德行超过了孔子。所以，后来有人说："周公恐惧流言日，王莽谦恭未篡时。向使当时身便死，一生真伪有谁知。"所以，《红楼梦》里有太虚幻境，其对联是"假作真时真亦假，无为有时有还无"。大概是感慨世事无常、真伪难辨吧。

　　如果考虑到人的心理和价值取向，那么这个问题就更复杂了。每个人都有自己独特的气质和经历，因而对同样的视觉经验可能会作出不同的理解和解释。比如元曲《关大王单刀赴会》里，面对滚滚长江、夕阳西下的壮观景象，周仓说："好一派大水。"关公说："二十年流不尽的英雄血。""好大一派水"算是事物的"本质"，而"二十年流不尽的英雄血"则是一种对"本质"呈现方式的"现象"解读，不同的诠释背景会产生对现象的不同诠释。实际上，事物没有一个可以直接被认识的固定本质，对事物的认识取决于认识者当时的处境、知识背景等多种因素。

普遍联系的世界

　　春秋时期，晋献公派荀息以骏马再加上宝玉作为礼物送给虞国，要求允许晋国军队穿过虞国去攻打虢国，虞国国君答应了晋国的要求。过了三年，晋国又来要求过境去打虢国。这时，宫之奇劝阻虞国国君说："不能答应他们。虞国和虢国的关系，就像牙齿和嘴唇一样，牙齿靠嘴唇保护，嘴唇靠牙齿支撑。虢国之所以没有灭亡，原因就是有虞国的援助；虞国之所以没有灭亡，原因也是有虢国的支持。如果虢国早晨灭亡，虞国就会在晚上跟着灭亡。怎么能够把路借给晋国呢？"虞公不听他的劝阻，把路借给了晋国，荀息攻打虢国，一举灭亡了它。返回的时候，乘机攻打虞国，又把它灭亡了。荀息拿着宝玉，牵着骏马从虞国赶回来报捷。晋献公高兴地说："宝玉嘛，还是原来的老样子，只是马的年龄比原来稍大了一点儿。"

　　这段历史在《左传》《吕氏春秋》等书中都有记载，成语"唇亡齿寒"即由此而来。唇亡齿寒说的是中国古代国与国之间相互依存的利害关系。泛而言之，世界上的一切事物、现象之间及其内部诸要素之间都存在着互相影响、互相制约和互相作用，哲学上专门有一个范畴联系来说明事物间的这种关系。

　　科学发展的历史证明，自然界是普遍联系的。从宏观到微观，从无机界到有机界，无不处于普遍联系中。人类社会各种要素之间、人类社会和自然界之间同样是相互联系的。地处美国大峡谷北麓的凯巴布高原，曾经植被繁茂，足可以为生活在该地区的大约 400 头鹿提供丰富的食物，而鹿群的数量又受到美洲狮、郊狼和狼的控制，整个生态系统处于动态平衡之中。1907年当地政府为了保护鹿群，对捕杀食肉动物实行奖励。15年后，食肉动物基本上从这一地区消失。但同时，鹿的大量繁殖导致植被消耗非常严重。结果，只过了两个冬天就有大约六万头鹿被饿死。植被由于被过度啃食，也遭到了毁灭性的破坏。

普遍联系的道理，对于我们为人处世也有指导意义。人生活在世界上，时刻处在与他人的联系之中。有一首儿歌，叫《连环套》："癞痢带洋枪，洋枪打老虎，老虎吃小孩，小孩抱公鸡，公鸡捉蜜蜂，蜜蜂蜇癞痢。"人生、社会就是这样一个互相连环的圈，互相制约。你需要我，我需要你；你牵制我，我牵制你。如果没有洋枪，老虎还不横行霸道？如果没有蜜蜂，癞痢还不无法无天？没有谁能跳出这个连环套，每一环的命运都掌握在相关的或不相关的他者手里。

历史上有不少文人雅士曾经幻想过一种与世隔绝、断绝一切世俗联系的"隐居"生活。如陶渊明写《桃花源记》，描绘了一个世外桃源，里面的人"不知有汉，无论魏晋"。但是就是在世外桃源里依旧有鸡有犬，有长有幼。鲁滨孙在荒岛上，表面上离群索居，但海水隔不断他跟文明社会的联系。他从破船上搬来的刀子、火器、粮食、种子乃至狩猎的方法，都是人类文明进化多少万年的文化成果，离开了这些，很难想象他在孤岛上能长期活下去。《西游记》里的孙悟空无父无母，从石头缝里蹦出来，不食人间烟火，但他也有一座花果山，一个水帘洞，一群小猴子。民间所说"一个好汉三个帮""三个臭皮匠，胜过诸葛亮"，就是说人和人之间这种联系、关系的重要性。

时光在握

公元前四世纪，孔子在泗水边，望着那奔流的河水，禁不住发出一声深深的长叹：那逝去的，不就像这奔腾不息的河水吗？孔子表面上是慨叹岁月如流，实际上是以此来勉励学生珍惜时间。

庄子用了一个比喻来表达他对时间的看法。他说："人生天地之间，若白驹之过隙，忽然而已。""白驹过隙"就是庄子对生命的时间定位，在庄子看来，人生在世，就像一匹白色的骏马掠过缝隙一样，虽然光辉灿烂，但只是一闪而过。

生命总是存在一定的时间中，对存在的本质、存在的意义的追问，离不开对时间的认识，那么，什么是时间呢？

《千字文》里说："天地玄黄，宇宙洪荒。"上下四方叫作宇，宇是空间。古往今来叫作宙，宙是时间。

古往今来，许多哲人面对时间之谜发出了深深的感慨。诗人李白在《把酒问月》里写道："今人不见古时月，今月曾经照古人。"是有关时间的深刻思索。

在中国文化中，时间往往和人的生存境遇有关，所以我们喜欢说"机不可失，时不再来"。时间与人生际遇紧密相连，中国文化这方面的感慨特别多，"少壮不努力，老大徒伤悲""三十不发，四十不富，五十将相寻死路""人生一世，草木一秋"。

西方哲学也对主观生命意义上的时间问题进行过思考，有一个经典的例子，奥古斯丁在《忏悔录》发出过感慨："时间是什么？

我一旦追问，它就再次溜走。"不过相比之下，西方哲学家显然着重发掘了物理时间的意义。

古希腊的泰勒斯说过："最智慧的是时间，因为它发现一切。"古希腊哲学史上最早对时间进行理论概括的是赫拉克利特。他从太阳和地球的关系中说明时间："太阳是时间的管理者和监守者，它建立、管理并且揭示出变迁和带来一切的季节。"

在日常生活中，人们说，时间是秒、分、小时、日、月、年。但这些只是度量时间的尺度，不是时间本身。人们曾经相信，时间是由无数瞬间组成的，瞬间与瞬间之间彼此连接，不可分割，并且以均匀的速度彼此连接，就这样从过去向未来延伸。如果画在纸上，就是一条带着箭头指向前方的直线。这便是牛顿的绝对时间观念。

爱因斯坦所创立的相对论打破了绝对时间的概念。他用光速不变重新审定了时间的概念。按照爱因斯坦的理论，对于处在不同空间和运动中的人来说，时间的度量是不同的。感兴趣的可以去了解一下著名的"双生子实验"。不过，相对论只是说明了时间度量对于空间和运动速度的相对关系，仍然没有说明时间本身是什么。

"弃我去者，昨日之日不可留"，不管我们把时间描绘成一条直线还是一条曲线，我们只能生活在当下这个瞬间。常常听到有人讲，"我活了一大把年纪"，但真要让他把这一大把年纪拿出来给大家看看，谁也拿不出来。

偶然与必然

　　很多哲学家认真思考了偶然性和必然性的关系问题。在中国哲学史上，王充是第一个把必然和偶然对立起来并进行详细考察的哲学家。王充认为，季节变异、万物的生长和消亡、下了霜以后不久就要结冰，这是自然规律。在王充看来，云从龙，风从虎，同类相感；春天谷物生长，秋天收割庄稼，这些是事物的本性决定的，是必然。而人在路上捡到东西，则是偶然碰到的事。又如蚂蚁在路上爬，人走路经过，有的蚂蚁被路人踏死，有的没有；火烧草原，但车轮碾过的地方，草没有被烧，这些都是偶然。王充还用他的理论来阐释人的命运，他认为人的富贵贫贱是由于出生时禀气厚薄不同，是偶然的。

　　古希腊哲学家里，亚里士多德对必然性和偶然性作出了全面、深入的思考。他不认为偶然性和必然性是绝对对立的，并举例说明：一个海战必定是明天或者发生或者不发生，但是它明天将发生不是必然的，它明天将不发生也不是必然的，然而，它明天或者发生，或者不发生，这是必然的。这表明，他在一定程度上认识到偶然性是必然性的一种表现。

　　亚里士多德比较多地讲到了必然性的存在，而伊壁鸠鲁探讨了偶然性原则。伊壁鸠鲁是欧洲哲学史上第一个注重偶然性的哲学家。他认为，存在于虚空中的原子，除了因原子本身的重量而作垂直运动外，还会产生脱离直线的偏斜运动。偏斜运动的产生"并不在一定的地方，也不在一定的时间"，这就是说不是必然的，而是偶然的。

　　荷兰哲学家斯宾诺莎认为只有必然性，没有偶然性。用感性在时间关系中考察事物，就会认为事物是偶然的，所以不能真正认识事物，获得真理。只有通过理性认识到事物发展的必然性，才能真正认识事物，从而获得真理。

人能否两次踏进同一条河流

古希腊著名哲学家赫拉克利特说："人不能两次踏进同一条河流。"这是因为河水一直流动着，当人第二次踏进这条河时，接触到的水流已经不是原来的水流，而是变化了的新的水流了。所以他又说："走下同一条河流的人，经常遇到新的水流。"

中国古代的庄子说"失之交臂"，两个人擦肩而过的那一刻，你不是原来的你，我也不是原来的我。这也是说的运动的绝对性。

我们面对的是一个变化万千的物质世界，有些事物的变化是十分缓慢的，人们不易察觉，其实它们也是运动变化的。例如，人们称看上去位置不变的星星为恒星，被人们赋予美丽传说的牛郎星和织女星就是两颗恒星。其实，它们一点也不恒，它们正分别以每秒26公里和每秒14公里的速度双双向地球方向飞过来。只是由于它们离我们远了，我们凭肉眼无法察觉其运动。

俗话说：沧海桑田。我国西南边界的喜马拉雅山是世界上最高的山脉，然而在几千万年以前，那里曾是一片汪洋大海，叫喜马拉雅海，海里游弋着当时水中称霸的喜马拉雅龙。今天，喜马拉雅山看上去很平静，其实它不断在运动着。世界最高峰珠穆朗玛峰高达8848米，但如今仍每年都会长高，而且整个山脉正以每年几厘米的速度向北移动。这些我们看似静止的事物事实上时刻发生着不易察觉的变化。

有的人可能会问：我们使用的书桌、房子等自身不能运动的物体难道也有变化吗？科学家告诉我们，书桌、房子等一切物质实体都是由微小的肉眼根本无法观察到的基本粒子构成的。这些基本粒子时时刻刻处在运动变化中，它们从产生到衰变只有几万亿分之一秒，真可谓瞬息万变，而人凭肉体感官是无法感知的。

世界上的一切事物都处在永恒的产生和消亡之中，运动是物质的根本属性和存在方式。无机界是运动的，从巨大的宇宙天体到微小的基本粒子无时不处于运动之中。生命在于运动，有机体只有在不断的新陈代谢中方能保持生命。人类社会也是运动的，离开生产力与生产关系的矛盾运动，人类社会将不再存在。

我们说事物是运动的，并不否认相对静止的存在。古希腊有这样一个故事：一个人借了邻居的钱，过了许久也不还，邻居只好前来讨债。这个人企图赖账，说："现在的我，已经不是当初向你借钱的我了。"邻居一怒之下揍了他一顿。赖账人告到官府，这位邻居说："现在的我，已不是揍你的我了。"赖账人无言以对。

赫拉克利特说："人不能两次踏进同一条河流。"他有一位学生，名叫克拉底鲁，提出"人一次也不能踏进同一条河流"的论断。赖账人和克拉底鲁的错误不在于认为事物是运动变化的，而在于他们肯定事物绝对运动的同时否认了事物也有某种相对的静止和稳定。人随着时间的流逝，当然会发生这样或那样的变化，但绝不会变成另一个人。河水天天更换，但这条河流毕竟存在。

运动的对立面是静止，**静止是运动的一种特殊状态**。它包括两种情形：一种是事物之间的空间位置的相对不变。例如：地球既在自转，又在围绕太阳公转。但是，我们每天离家去工作或学习，到傍晚时，并不会因为地球的运动找不到自己的家了。因为工作学习的地方和家之间的空间位置是相对不变的。另一种情形是事物某一方面的性质在一定时期内基本不变。"江山易改，禀性难移。"

　　我们说事物是静止的，前提是依赖于一定的参照系的。例如，地球和地球的同步卫星之间位置始终不变，那是以地球为参照系，原因是卫星和地球同向同速运动。第一次世界大战中发生了这样一件奇事：德法空战中，法国一个飞行员突然发现脸旁有个小玩意儿在蠕动，他以为是小虫，就一把敏捷地把它抓在手中。伸开手掌一看，大吃一惊，原来是一颗德国制造的子弹！为什么这颗子弹被轻而易举地抓在手中呢？原来，飞行员与子弹沿着相同方向、以几乎相同的速度运动。因此，相对于飞行员来说，他与子弹之间几乎是静止的。

　　总之，运动是绝对的、无条件的，静止是相对的，有条件的，动中有静，静中有动。**世界上的一切事物和运动，都是绝对运动和相对静止的统一。**

反者道之动

古时候，有一个善于算命的老翁，住在邻近边塞的地方。他家的一匹马无缘无故地跑到胡地去了。人们都来安慰他的不幸遭遇。老翁说，这谁知就不能成为幸呢？

过了几个月，他丢失的那匹马带着胡地的一匹骏马回来了，人们都来祝贺他。老翁说："这谁知道是不是祸患呢？"过了不久，儿子骑马出去玩，不小心摔断了腿。人们都来慰问他的不幸遭遇。老翁说："这谁知就不是幸呢？"

过了一年，胡人大举向塞内进攻，青年壮丁都去当兵参加战斗，老翁的儿子因为跛脚的缘故，没有上战场，因而父子的性命都得以保全。

这个故事讲述了祸转为福，福化为祸，事物不停地向相反方向转化，被用来说明老子所说的"祸兮，福之所倚；福兮，祸之所伏"的道理，意思是事物向相反方面的转化是合乎规律的。

老子讲"反者道之动"，目的不在于总结、抽象万事万物运动的客观规律，并以此改造世界，而是通过对事物向相反方向运动的把握，领悟到以退为进的人生哲理。

《老子》从退守、深藏内敛的角度来谈变化，说了很多以退为进、欲进而退的话，最有代表性的是"将欲弱之，必固强之"。强和弱，在一定条件下，是可以转化的。两军相遇，敌强我弱，正确的打法是，先来一个战略退却，以便保存实力，造成各种有利于我不利于敌的形势，然后再进入战略反攻，变敌强我弱为敌弱我强。这里的战略退却，就是老子的"必固强之"。敌人已经强了，为了能够削弱它，还得先退却，让它变得更强大，从而向反方向即弱的方向转化。

这是《老子》的"反者道之动"思想在军事上的应用，有人因此而把老子的辩证法称为军事辩证法。

但《老子》的"反者道之动"更多地运用在人生过程中。老子说，之所以会掉东西，是因为你手里有东西，如果你手里没有东西，你就不会掉东西。任何东西过于强大就要走向自己的反面，因此为了避免灭亡，应该使自己处于相对柔弱的状态。

据说，年老时老子曾经问他的一个学生："牙齿和舌头谁硬?"学生说："牙齿硬。"老子张开嘴让学生看："牙齿硬，但是已经一个都不在了，舌头软，现在还完好无缺。"老子以此教育学生懂得物极必反的道理，最好是坚守柔弱的地位。

老子看到了对立方面是可以转化的，应该说抓住了辩证法的精髓，在破除人们把对立看成是死板的、僵化的思想方面，有不可磨灭的作用。但是，必须指出的是，并不是任何弱者都能转化为前者，也不是任何强者都会自动转化为弱者。因为矛盾双方之所以会向相反方向转化，要依据一定的条件，这一点老子没有明确指出。值得一提的是，事物会向自己的反面转化，比如说"柔弱胜刚强"，但柔弱本身不是追求的目标。失败可以转化为胜利，但失败本身不是追求的目标。

如果我们苛求老子的话，还可以说，老子的"反者道之动"是一种平面的没有上升的运动，事物当然会运动，但是不会进化、不会发展。这种思想对中国传统的循环史观有所影响，如《西游记》里的孙悟空说"皇帝轮流做，轮流到我家"，皇帝可以换，但社会并没有进步。

在现实生活中，掌握"反者道之动"的思想，可以提醒我们在形势有利时避免走下坡路，在形势不利时创造条件改变处境。

读书笔记

· "天上有什么呢?" "世界是真实的还是虚幻的呢?" 这些问题我们都可以用哲学的观点来看待。

· 就矛盾的观点而言,辩证法所说的矛盾指的是客观事物既独立又统一的这种情况和这种情况在人们思想上的正确反映。矛盾是普遍存在的,我们要用对立统一的观点来看问题。

· 世界是复杂的,自然界的现象真假难分,人也可能会产生幻觉,我们可能被习惯、人性甚至自己的眼睛所欺骗。这就导致了"眼见未必为实",所以有时候不能完全相信自己的眼睛,还要根据实际再做进一步的判断哦。

· 从联系的观点来看,从宏观到微观、从无机界到有机界,从人类社会到自然界各要素,世间万物都是处于普遍联系中的。

· 秒、分、小时、日,只是度量时间的尺度而不是时间本身。从绝对时间的概念看,时间是由无数彼此连接、不可分割的瞬间组成的,从过去向未来延伸。从相对时间的观点来看,时间与空间和运动速度存在着相对关系。但无论从哪种观点看,我们都要活在当下,珍惜时间。

· 我们经常听到一句话:人不能两次踏进同一条河流。这是因为运动是物质的根本属性和存在方式。世界上的一切事物都处在永恒的产生和消亡之中。但同时我们也要认识到相对静止的存在,静止是运动的一种特殊状态。

第 三 辑

人 生 之 谜

人是没有羽毛的两足动物吗？

据说，古希腊哲学家第欧根尼白天打着灯笼在街上走，人家问他干什么，他说在找人。

我国古代的庄子也说："人之谜，其日固久。"意思是，从古到今，没人能说清楚关于人的各种谜。

我国古代哲人孔子说："人者仁也。"又说："仁者爱人。"把人看成是具有仁爱之心的人，这是从道德领域来定义人。

西方哲学家喜欢下定义，有人说人是会走路的动物，还有人说人是会哈哈大笑的动物。亚里士多德说，人是天生的政治动物。这个说法引用的人很多。

亚里士多德的老师柏拉图说："人是没有羽毛的两脚动物。"柏拉图的一个学生跟老师开玩笑，他把一只鸡拔光了毛，说："这就是柏拉图所说的'人'。"这个学生很厉害，以事实证明老师们的定义不大准确。后来人们还发现，类人猿就能两脚直立且没有羽毛。

法国近代哲学家拉美特利提出"人是机器"。在他之前，笛卡尔就曾经用机械论的观点来说明人和动物的机体的功能作用。笛卡尔认为，动物机体内部的活动不过是"动物精气"和各种器官的一些机械运动，如同一架钟表的钟摆、齿轮、发条等零件的机械运动一样。由此，他得出了"动物是机器"的结论。他认为人体也是一架机器，不过比动物机器更精致、更灵活一些罢了。但由于人具有不朽的理性灵魂，从根本上有别于动物，因此，他不同意把人称为机器。

也有人说：人一半是野兽，一半是天使。这种观点看到了人身上肉体和灵魂、物质和精神的统一。社会生活中的人，一方面是生物人，另一方面是社会人。

不可否认，人类具有自然属性，如肚子饿了想吃东西，冷了想取暖，累了需要休息，生命受到威胁时知道自卫等。但是，这种自然属性不仅为作为高等动物的人所具有，就是其他动物也会有。因此，不能把自然属性当作人和动物的本质区别。

就自然属性而言，人远远不如动物。一个幼小的动物脱离母体很快就能独立生存，而人需要相当长的时间才能独立，而且人只凭自己的生理器官无法生存，任何一个人也无法单独生存。就此而言，人是所有生物中最无能的。人所依靠的不是自己的生理优势，而是自己的存在方式。**人依靠社会组织，依靠生产工具来超越一切动物。**正如荀子所说：人之所以有力量，在于人能"群"。

在社会中，人的生物性差异不能使一个民族或一个人比另一个民族或另一个人更优越。人甚至以生理能力和体能的某种退化作为进步的代价。比如汽车使人不会走路，电脑使人不会思考。狄尔泰说："什么是人，只有人的历史才会说清楚。"在一些科幻小说或影视、漫画作品中，把未来的人设想成脑袋大大、四肢短小的样子，因为根据用进废退的原则，未来的人用得最多的主要是大脑，所以脑袋大。

人的社会性是人性中更本质的东西。如果说对物的考察不能离开关系的话，对人的考察更是如此。一个人是父亲说明他有儿子，是丈夫说明他有妻子，是领导说明他有被他领导的人，是下级说明他有上级，如此等等，把一个人从他所依存的社会关系中抽象出来就无法说明他是什么。单纯的个人只是生物学意义上的个体而不是真正意义上的人。人最本质的社会性是人能制造和使用工具。制造和使用工具是人类最根本的实践活动。实践赋予了人的本质。在实践过程中，人与自然交互作用，一方面是自然得到了改造，自然被打上了人的烙印，越来越多的自然纳入了人的势力范围，另一方面人在改造客观世界的过程中，人的主观世界也得到了改造，人的本质不断发展，呈现出一个不断上升的过程。

人为万物之灵

中国民间传说，女娲造人就是在水边照着自己的形象造的。开始时很认真，照着自己的形象一个一个捏出来。累了，就用柳条蘸着泥巴往外面甩。捏出来的人，女娲花的功夫多，是人当中聪明高贵的人。甩出来的人，花的功夫少，是人当中愚蠢贫贱的人。但不管怎样，人是神照着自己的形象造出来的，在天地万物中最有价值。

中国古代的儒家都承认"人为万物之灵"，说得最清楚的是荀子。荀子说："水火有气而无生，草木有生而无知，禽兽有知而无义；人有气、有生、有知，亦且有义，故最为天下贵也。"荀子不仅明确了人的优先地位，还指出了人不仅有自然禀赋，还有在此基础上通过提升所得到的道德意识。

"人为万物之灵"的思想在近年来受到质疑，人类自居于万物之上，自认为是决定万物价值的尺度，把万物视为被人认识和改造的对象，无疑会加深人与自然的矛盾，人在征服自然的同时必然会受到自然的报复。随着地球环境污染的严重，物种灭绝速度的加快，不少有识之士开始对"人为万物之灵"这一古老的命题开始反省。人们认识到，人类不是按照神的样子所造出来的，而是极为漫长的生物进化的产物。生物学的研究表明，人并非生命系统的最高点，他现在可以算是系统的优等因子，但他并没有制造系统，他也没有一开始就统治它。

传统所说的人与万物的鸿沟并非我们所想象的那么大，基因科学表明人与大猩猩的基因 98% 以上是相同的。过去我们认为只有人才有语言，动物学家的研究表明，海豚、猩猩、大象等智商比较高的动物都有自己的语言，有的还很复杂。有的学者尝试教动物学习人类的语言，甚至也取得了一定的成功。过去我们说，能否使用工具，是人与动物的根本区别。但是研究表明不少动物也会使用工具，比如黑猩猩会折一根树枝，剥掉树皮到洞里钓蚂蚁吃，有的老鹰会从高处扔石头砸海龟蛋吃。人之异于禽兽并不如我们所想象的那么大。

现在的环境保护理论表明，人不是传统意义上的自然的主人，而是自然的一部分。人与自然的物质、能量交换要在一定的限度内，超过一定的限度，自然环境受到破坏，人类自己也将生存不下去。

人有没有灵魂

在远古时代，人们还完全不知道自己身体的内部构造，受梦中景象的影响，误以为存在着两个我：一个是看得见、摸得着的我，一个是看不见、摸不着的灵魂的我。灵魂居住在肉体中，就像是住在旅馆里一样。晚上做梦就是灵魂离开肉体自由活动去了。既然灵魂是可以离开肉体自由存在的，那么，人死亡以后，尸体腐烂了灵魂当然不会灭亡，它会继续在灵魂世界里活动。于是，就产生了灵魂不灭的观念。

柏拉图曾经猜测说：灵魂和肉体有着完全不同的来源，肉体会死亡，而灵魂是不朽的。他说，灵魂必定曾经在一个理想的国度里生活过，见识过完美无缺的美和善，所以当它投胎到肉体中以后，现实世界里未必完善的美和善的东西会使它朦胧地回忆起那个理想世界，这既使它激动和快乐，又使它不满足而向往完善的美和善。

《聊斋志异》里有不少关于灵魂转世的故事，其中有一则题为《三生》：有一个人叫刘孝廉，他记得前世曾经为缙绅，做了不少坏事。六十二岁那年死了，阎王根据他生前所作所为，罚他作马。于是投生马腹，成了一匹马。他虽然是匹马，但是心里很明白，只不过嘴里说不出来罢了。若干年后，因为不堪忍受马夫奴仆的虐待，接连三天不吃食，死了。

阎王因为他受罚的期限未满，剥了他的皮，罚他作狗。他也不愿作狗，但又不敢自杀，于是故意咬主人的脚，结果被主人用棍子打死。阎王对他的狡猾非常恼火，罚他在暗无天日的地方作蛇。一天，这条蛇被路过的马车压死了。阎王认为他受罚的期限满了，让他投生为人，就是刘孝廉。

这是典型的民间文化的说法，肉体会死亡、腐烂，但是灵魂不灭。按照这些说法，灵魂可以一会儿在这个躯体里，一会儿在那个躯体里。我国古代的一些笔记小说里经常有这种记述。

对这种说法，哲学家往往表示怀疑。中国古代哲学史上的形神之辩就是关于这个问题的，汉代桓谭认为**人的精神依赖于形体，就像火依赖于烛一样，形体不存，精神即灭**。

王充认为，人死了，五脏腐朽，精气无所托而散失，人就失去了知觉，所以人死就无所谓知觉了。但是，精气是什么？是物质的还是意识的？王充没有说清楚。桓谭、王充用薪火之喻来说明灵魂不能脱离肉体而存在，后来的唯心主义者用薪尽火传来论证"形尽神不灭"。他们说，柴火烧完了，火种可以传下去。南北朝时的无神论者范缜以刃利之辩来解决这个问题。他说：人的形体好像刀刃，人的精神好像刀刃的锋利。没有刀刃，无所谓锋利；没有锋利，刀刃也就不成其为刀刃。

现在思维科学断定没有脱离肉体的意识，那么我们在日常生活中会经常听到这样的说法，"灵与肉的分离""某人灵魂卑污""人的高尚在于他的灵魂"，这是什么含义？

日常生活中所说的"灵魂"往往是指道德意识。我们常说一个人的灵魂高尚，主要有以下几个方面的意思：一是道德意识强。比如文天祥、史可法宁死不降，视自己的人格尊严比生命还珍贵；二是有自己独立思考的能力。比如顾准被关在监狱里几十年，但一直在思考中国向何处去这样的大问题。对普通人来说，灵魂高尚主要指他诚实守信、对他人宽容、富于怜悯精神等等。

我思故我在

笛卡尔的哲学从怀疑开始，他认为现有的一切知识都是建立在不可靠的基础之上。为了重建知识，必须找一个坚实可靠的基础。建构哲学体系好像盖房子一样，只有基础打牢了，才能在此基础上建立起知识的大厦。那么，这个基础是什么呢？

笛卡尔认为我们感觉到的物质世界的存在是值得怀疑的。他在《哲学原理》中说："第一是因为我们据经验知道，各种感官有时是会犯错误的，过分信赖曾经欺骗过我们的事物，也是很鲁莽的。第二是因为在梦中我们虽然不断地想象或感受到无数的事物，可是它们实在并不存在。"

即使像数学观念这样清楚、明白的对象，也是值得怀疑的。笛卡尔指出，数学是我们思考的对象，但思想的对象是可以怀疑的；因为，可能有一个"邪恶的精灵"，他把一个根本不存在的对象置于我们的心灵之中，使之成为我们思想的对象。多少年来，哲学家一直在追问数的观念是从哪里来的，但是一直没有搞清楚。自身基础不稳的数学不能成为知识的第一原则。

对于宗教神学领域中的存在和观念，笛卡尔也同样表示了怀疑，不仅怀疑宗教教条、教义的真实性。笛卡尔甚至声称，人们还可以怀疑自己"没有手没有脚，最后竟没有身体"。他的理由是作出这样的怀疑在思想上并不矛盾。

那么，知识大厦不可动摇的基点是什么呢？

笛卡尔提出了一个命题：我思故我在。

笛卡尔认为，思想可以怀疑外在对象，也可以怀疑思想之内的对象，却不能怀疑自身。思想可以怀疑思想的对象和内容，但是不能怀疑"我在怀疑"，否则怀疑活动就无法进行。我在怀疑不可置疑，那么作为怀疑主体的我也是不可置疑的。不言而喻，笛卡尔的自我只是精神性的实体，是理性、心灵的代名词。

现代的哲学家认为，"我思故我在"的"我"并非不可怀疑的基点。我们的意识不是世界的中心，意识本身也不是统一的。弗洛伊德的精神分析学说认为，所谓统一的理性人是由本我、自我和超我三个部分组成的，理性的另一面是非理性。现代非理性主义者把各种各样的非理性的东西推向前台，如权力意志、思、欲望、本文、异，等等。这些非理性的基本其实都是以混沌、流动、无序为特征的。

富而后教

有个财主，家离县城两百多里。有年冬天，下着鹅毛大雪，这个财主早晨起来，穿上狐皮大衣，准备骑马出门。有个名叫供耕的老家奴，蓬头垢面，冻得颤颤巍巍的，跑到马跟前，抓住马缰绳问："天气这么冷，老爷还到哪里去？"财主说："我去城里二程祠，给人家讲理学。"供耕说："我也想去听听。"财主呵斥他说："你懂得什么叫理学，又能听懂什么？"供耕用手指着自己的腰下说："我主要是想听听，十冬腊月，我该不该有条裤子穿？"

这是《广笑府》里面的一个故事，涉及道德教化和物质基础之间的矛盾。老爷的皮大衣、马使他能够在大冬天出去讲理学，去进行道德教化。而对于家奴来说，冬天最迫切的是要有一条裤子穿，理学的大道理对于他来说是很遥远和不现实的事。

如何解决道德教化和物质基础的矛盾？儒家的办法是"先富后教"。

《论语·子路》记载：有一次，孔子到卫国去，冉有给他驾车。孔子说："人真多啊！"冉有问："人已经很多了，该怎么办呢？"孔子说："使他们富裕起来"。冉有又问："富裕了，又该怎么办呢？"孔子说："对他们进行教化。"这里所指的教化，主要是指道德教育。显然，孔子认为物质利益、物质生活和道德规范、道德教育在次序上有先后关系。"先富后教"包含着后者受到前者制约的思想。

儒家的先富后教思想我们可以从两个方面来了解。

一方面，**富为教提供了可能，富是教的基础**。孟子认为"有恒产者有恒心，无恒产者无恒心"。稳定的产业是形成稳定的道德意识的前提。

孟子举例说：民众没有水、火就无法生活。如果在傍晚时去敲别人的门，向人家要求借水、火，别人都乐意借。为什么呢？因为这时水、火很多。圣人治理天下，就是要使粮食像水火那么多，这样老百姓没有不讲仁义的。孟子还认识到，物质生活对人的道德面貌影响很大。年成好的时候，人们的心地就很善良；年成不好的时候，人们就会变得很残暴。

把富置于教之前，孟子看到了道德提升离不开一定的物质基础，这个看法是深刻的。

不少道德问题的产生正是与物质财富的不足有关。比如儒家最讲究孝，按照孝的要求，儿子要把最好的东西留给父亲吃，要把最好的衣服留给父亲穿。孟子的书里记载："五十者食肉，七十者衣帛。"之所以如此，主要因为肉与帛这类东西在古代被视为高档消费品，不可能每个人都享受。当儿子有粗粮吃、有粗布穿的时候，儿子会想办法让父亲食肉衣帛。但是如果儿子自己饥寒交迫，恐怕他既没有心情也没有可能给父亲创造条件食肉衣帛。

而在现代社会，特别是在一些比较发达的城市里，老年人随时可以"食肉衣帛"，让父亲食肉衣帛不再是儿子表现自己道德感情的方式。随着社会的发展，不少道德问题会随着物质条件的改善而自动解决。比如，坐公交车要让座，这是表示对他人关心的一种道德行为方式。随着交通的发达，公交车越来越多，出租车越来越便宜，私家车越来越多，每个人坐车都不难找到座位。这个时候，让座就可能不再成为美德。

富而后教的另一个方面是富而后必须教。

物质利益作为道德教化的基础，只是为进行道德教化提供了一种可能。并不是有了一定的物质基础，就自动有道德行为、道德思想。"为富不仁""饱暖思淫欲"的事多得很。物质财富能满足人的自然属性，但人不仅是自然意义上的生物人，也是有着精神追求的道德人。

对于大多数人来说，"衣食足而知荣辱，仓廪实而知礼节"。富了可能会自发产生对善的追求，努力过有道德的生活。但人对物欲的追求是无止境的，已经满足的欲望往往会激发起更多的欲望，物质财富永远不可能满足所有欲望。等待全部物欲满足后再进行教化是不可能的。**道德教化不应该在物质财富全部满足之后再进行，而应该贯穿于富的过程中。**

人生难免有缺憾

　　某人一辈子修桥补路，死了，在阴间听候阎王的发落。阎王让他自己先提要求，这人说："来世我要有家财万贯，贤妻美妾，做宰相的儿子，状元的父亲，一辈子过好日子。"结果阎王说："世上要是有这么好的事，我连阎王也不要做了，早就投生去了，还轮得到你？"这虽然是个神话故事，但也可以看出，人生而不能避免遗憾。

　　人生之所以有遗憾，既有客观原因，也有主观原因。

　　客观原因是每个人都生活在一定的社会历史条件下，社会不可能满足我们太多的需要。人力有限，为冥冥之中的必然因素和偶然因素所制约。孔子讲"畏天命"，人生的遗憾很大程度上是自然力太大，而人力过小。对待人生遗憾的态度，庄子是"知其不可奈何而安之若命"，孔子的态度不同，"知其不可为而为之"。庄子消极，孔子积极，但都意识到客观必然性对自己的限制。所以马克思主义讲要认识世界和改造世界，掌握客观世界运动的规律，这样就可以少犯错误，从而相应地少一点遗憾。

　　主观原因是人的需求太多，欲望太盛。俗话说："人心不足蛇吞象。"人是一种不断产生需要的动物。一种需要满足了，另一种需要又产生了。饿肚子的时候只想吃饱饭，吃饱了饭又想发点财，发了财想做官，做了小官还想做大官，做了大官还想做皇帝，做了皇帝还想长生不老。

　　由此看来，人生难免有这样、那样的遗憾，那么我们怎样对待人生中的缺憾呢?

一是适当留有缺憾。历来有成就的人大多数都是抓大放小,留小缺憾,不至于出现大缺憾。中国哲人讲"月圆则缺""日中则昃",就是讲的这个道理,事物的发展是无限的,它不会固定在上升趋势,发展到顶点还在继续上升。很多时候当你自以为功德圆满时,危险已经来临,所以《老子》主张功成身退。我们普通人没有所谓功成身退的问题,但同样有一个怎样对待自己生活现状的问题。万众瞩目的成就历来只属于极少数人,即使那些大人物,也会有夫妻不和,也会有兄弟之间的手足相残,也会有一失足成千古恨,他们的遗憾和痛苦并不比我们常人少。

二是对人生缺憾要进行思考。日常生活中有很多遗憾,如果把它们的形成原因思考清楚了,应该说很多是可以避免的。从人的生命长度这一方面来讲,古人说"生年不满百""人生七十古来稀",当下我们的平均寿命逐渐上升,人生苦短的遗憾虽然还没有完全解决,但至少是减轻了许多。

无为就是什么都不做吗？

《庄子·应帝王》里讲了这样一则寓言：

南海之帝为倏，北海之帝为忽，中央之帝为浑沌。倏与忽经常在浑沌的地面上相会，浑沌对他们非常好。倏与忽商量着要报答浑沌，说："每个人都有七窍用来看，用来听，用来吃东西，只有浑沌没有，让我们来为他开凿七窍吧。"每天凿一窍，七日浑沌死。

这是一个悲惨的故事。庄子用它揭示了这样一个观点：事物本来的样子，是命运所定，而命运所定的样子就是最好的样子。我们要维护的是事物的本然性、天然性。

我们平常习惯于"老庄清静无为"之类的说法，庄子的无为是接着老子讲的。但庄子和老子的无为思想有所不同。

《老子》的无为从历史经验来，主要讲政治上怎样"无为而治"，无为的目的是"无不为"，"无不为"恰恰是最大的有为。所以，《老子》讲的"无为"不是无所事事、消极懒惰，而是试图通过无为达到天下大治。《老子》以"无为"思想要求统治者不要放纵自己的贪欲而压榨人民、役使人民，提醒社会成员之间也不能因自己的贪欲而你争我夺、损人利己，这样才能社会清净安宁。

"无为而治"作为治国原则在中国政治史上有过很大的影响。历史上每逢改朝换代，新上台的统治者大多懂得采取宽松的政策。比如汉高祖初入关，便"扫除烦苛"，废除秦朝暴政，与百姓约法三章；文、景二帝也能以清净、恭俭安养天下，人民生活安定，经济迅速发展，这就是历史上有名的"文景之治"。文景之治的指导思想稍近于"无为"，其要旨在于不扰民。

但是无为思想在政治上也有流弊，法家的集大成者韩非子从阴谋权术的角度来改造《老子》的无为思想。他说，统治者应该居于深宫之中，表面上清虚无为，实际上无所不为，臣下的一切都在他的掌握之中。在韩非子看来，厉害的君主都是说的是一套，做的是一套，这叫"居阴为阳"。

与《老子》主要讲政治上的无为不同，庄子主要讲人生上的无为。在上面所引的关于浑沌的寓言中，倏忽是很快的意思，暗指人为造作；浑沌是指混合不分的状态，暗喻自然无为。寓言通过倏与忽出自好心而做了坏事，来强调天道自然无为，反对把人的意志强加给天地万物。

在庄子看来，人与天地万物都有其自然的本性。庄子形象地说，牛马生来就长了四只脚，这就叫天然；而用绳索套住马头，拴住牛鼻子，这就叫人为。庄子要人们不要以人为去毁天然，不要以造作去损害性命，不要以有限之得去殉无穷之名。然而，世人往往违背其本性，偏要人为造作，卖弄机巧聪明，迷恋繁文缛节，追求浮躁虚华，不仅使物的真性丧失了，而且也使人自身所固有的自然的本性丧失殆尽。按照庄子的看法，道德、智慧、典章制度、财货、音乐、工艺等等构成人类文明生活内容的社会现象，都是对自然和人的本性的破坏，都是对安宁的天下的扰乱。因而，都是应当取缔的对象。庄子认为，无为的本质就是顺应自然的变化，使事物保持其天然的本性，去除一切人为造作。

庄子的无为生当乱世，主张"知其不可奈何而安之若命"。他认为，无为才无害，无为才能免害，螳臂当车的结果只能是粉身碎骨。

　　庄子心目中的理想社会是至德之世。在那个世界里，人们同鸟兽一起游戏，所有的人都保持着素朴的本性，没有任何机巧。庄子还写到有虞氏之前的泰氏。泰氏睡觉时安闲舒缓，醒来时逍遥自适，把他叫作马也行，叫作牛也行，反正无所谓，所以他没有受到外物的牵累。在庄子看来，如果放弃试图用人力去改变命运、改变自然的企图，那么就能摆脱一切负累。由无为带来精神上的怡然自得，以此为中介，就可以走向逍遥游的精神自由的境界。

　　在庄子的"无为"论里面，我们看到能动的、社会的"人"完全被寂静的、自然的"天"所吞没，荀子曾经批评他"蔽于天而不知人"。但也应该看到，在庄子的时代，文明所带来的快乐享受，只会被统治者占有，而创造文明所需要付出的艰苦的体力和智力劳动，只能落在劳动者身上。庄子憎恶这种现象，所以在自然主义的立场上用无为理论对之作了批判。而如果从更广阔的天人关系上看，现代社会人类以科学技术征服自然，带来巨大物质利益的同时也产生了一系列负面作用，庄子的无为思想对我们无疑是一副清醒剂，为我们消解人与自然的对立、达到人与自然的和谐统一提供宝贵的思想资源。

心想未必能事成

我们经常受到祝愿或祝愿别人心想事成，但真实的情况是，好多事情我们想了，但没有成。比如，项羽见到秦始皇出游的排场说："彼可取而代之。"刘邦说的是："大丈夫生当如是。"结果是刘邦心想事成，做了皇帝。项羽也想了，但没有成。

有对穷夫妻，时刻不忘精打细算，看起来好像很会过日子。可奇怪的是，他们的日子越过越苦。

一天晚上，妻子抽出一根火柴，正要点亮油灯，谁知一不小心，火柴掉到地上，她不觉失声大叫起来："坏了！"丈夫大吃一惊，连忙问她怎么回事，妻子说："火柴掉了！"

丈夫听了说："一根火柴也不能浪费，非把它找到不可！"于是夫妇俩擦着火柴在地上找起来。找呀找呀，火柴擦了一根又一根，满满的一盒火柴全擦光了，才把那根火柴找着。夫妇俩高兴得跳起来。丈夫说："咱们能这样精打细算，日子长了还能不富起来吗？"

上面这个故事涉及动机和结果的关系问题。动机和结果的关系十分复杂：

第一种是好的动机带来好的结果。比如我们常说的"心想事成"，就是好的想法得到实现。比如说高中毕业想考大学，结果如愿以偿。

第二种是好的动机带来坏的结果。父母溺爱子女，动机是出于对子女的爱，但养成了子女好吃懒做、好逸恶劳的习惯，使他们踏入社会后寸步难行。

　　第三种是坏的动机带来坏的结果。比如犯罪分子密谋抢银行，在实施过程中给国家带来了损失，自己也被捕，受审判决后被处死。

　　第四种是坏的动机带来了好的结果。陈胜、吴广起义后，刘邦乘势而起，结束了天下大乱状态。刘邦的初衷是个人的私欲，把天下看作用来满足个人感性欲望的私人财产。但在客观上却结束了战乱，这个结果对人民是有利的。

　　动机和结果的关系是复杂的，要求我们在看待一个人所做的某一件事时要把动机和结果结合起来看。有了好的动机以后，要选择正确的方法，才能有好的结果。

　　从前有个医生，自称能够治驼背，说："背脊像弓的、像虾的、像弯曲铁环的，请我来治，早上治疗，晚上就可以像笔杆一样笔直了。"

有一个人听信了，就去请他治疗驼病。驼医就去拿了两块木板来，先把一块木板放在地上，让驼背躺下去，又把另一块木板压在上面，接着就站到木板上踩踏。驼背果然直了，但人也随即死去了。驼背的儿子去告官，医生说："我的职业是医治驼背，只管治人背直，哪管病人死活！"

医生的主观愿望是把驼背治好，混碗饭吃，动机说不上高尚，但是也不能算坏。主要问题是治疗方法不妥，按照他的方法，驼背是压直了，病人却失去了生命，治病救人，医疗的最高目的是让人生活得更好。这个故事看起来脱离实际，甚至有些好笑。但我们有时身在事中，未尝不会像这样失去判断。所以应尽量客观地采取正确方法执行好的动机，否则很可能事与愿违。

人生如何才能不朽

《左传》里记载，春秋时期鲁国的叔孙豹说："太上有立德，其次有立功，其次有立言，虽久不废，此之谓不朽。"在中国历史上，对于人生不朽的思考，很早就开始了。夏商时期，人们关于灵魂不死的思想，实际上就是对生命不朽的最早的解释。叔孙豹关于人生"三不朽"的说法，摆脱了迷信的束缚，是真正对于人生不朽展开的哲学思考。

叔孙豹认为，第一位的不朽，是**"立德"**，是说追求崇高的道德理想，完善自己的道德人格，完善人类社会的道德法则，成为后世永远效法的道德榜样。第二位的不朽，是**"立功"**，是说出于为社会、为人类谋福利的目的，尽自己的能力建功立业，为后世立下伟大的功勋，使社会和人民长久地享受到好处。第三位的不朽，是**"立言"**，是说研究和发现自然和社会的规律，提出长久适用的真理性的至理名言，以便对后人的生活有益。以上所说的三个方面，因为对整个社会都有利，所以能够一直流传下去，不因个人生命的终结和肉体的腐朽而中止，所以称为不朽。

儒家对于人生的终极价值和意义非常重视，孔子曾经说："君子疾没世而名不称焉。"可见他对于一个人死后留在世上的名声和影响是十分重视的。从《论语》中的有关记载来看，孔子基本上是赞同叔孙豹关于人生不朽的基本思想的。

《论语·季氏》说，齐景公身为大国之君，有马千驷，但没有为君之德，故其死之后没有人称颂他。他的生命结束了，他的一切也随着肉体的腐朽而腐朽了。伯夷、叔齐身为遗民，但他们忠于自己的国家，不肯降顺把他们的祖国灭亡了的周统治者，宁肯饿死也不肯食周粟，结果死节于首阳山下，人们敬重他们对祖国的忠诚，感叹他们不屈的气节，因而至今还在怀念和称颂他们。

伯夷、叔齐是"立德"之人，身死之后几百年仍然对人有很大的影响，可谓死而不朽了。在孔子看来，立德的标准是很高的，绝不是做一件好事或者具备某一种品德就算是立了德。所谓立德，应当是达到了普通人难以企及的仁或圣的境界，真正成为可为后人仿效的楷模。

孔子曾经说："朝闻道，夕死可矣。"又说："有德者必有言，有言者不必有德。"道在孔子那里是自然、社会、人类的总的道理。孔子认为早上悟道，就是晚上死了也没有什么遗憾了。孔子作为一个学者和教育家，以追求和传播知识、真理为己任，当然最懂得知识和真理的价值。一个人早晨闻道，晚上死掉尚且没有遗憾，如能立言垂训后人，当然更可以自豪了。所以，"立言"的不朽，孔子应该不会反对。

孔子以后的孟子，从性善论出发，更加注重道德的不朽。孟子常常以历史上为后世立德的圣人为榜样，追求人生的不朽。孟子认为，君子的生命是有限的，但他的事业和道德可以一代代传递下去。对于君子为之奋斗的事业和道德而言，君子一生的奋斗只不过是其中有限的一段。然而，正是通过这有限的一段，君子创造了无限的影响，从而使其生命在这种影响中得到延伸，获得不朽的意义。荀子从性恶论出发，认为每个人都应该努力学习、修身和奋斗，改造自己恶的天性，成为尧、舜、禹那样的人，使自己有限的生命延续到永远。

儒家这种追求行为永恒价值和生命不朽的精神，这种力图通过平凡的作为达到神圣境界的努力，对后世产生了积极的影响，并积淀为整个中华民族的基本精神。

儒家之外，道家对人生不朽问题的思考也比较深入。老子曾经说过"死而不亡者寿"，意思是说当一个人的人生价值巨大、影响力深远时，则可以达到虽死犹生的效果。庄子继承了老子关于不朽的思想，认为人生在世，如白驹过隙，十分短暂，死对于人来说，是必然的事。如何超越短暂的生命，如何达到死而不亡，实现人生价值的永恒，应该是人生中的最高追求。在庄子看来，人的自然生命和不朽完全是两回事。人的自然生命是受大化的陶冶而成的，是一种人所无可奈何的命定。人的自然生命总是要毁灭的，所以，不朽只能在精神的领域中寻找。庄子所谓的不朽，是精神摆脱了物质负累的绝对自由。这种思想虽然失诸神秘、空幻，但弥补了儒家在不朽方面过分强调个体对群体的道德义务而忽视个体自身精神自由的不足。

总的来说，**中国哲学对不朽的追求始终立足现实的人生，不借助外在的神秘精神**，这种清醒的重现实人生的思考方向培养了一大批埋头苦干、舍身求法的人，对于民族精神的形成起了积极的作用。

读书笔记

·人到底是什么呢？关于人的定义的问题长期困扰着哲学家们。作为唯一能够制造和使用工具的动物，社会性是人区别于其他动物的最本质的属性。

·在过去的很长一段时间里，人们坚信"人是万物之灵"，也就是认为人统治世间万物。但从现在的环境保护理论来看，人不是传统意义上自然的主人，而是自然的一部分。因此我们要热爱自然，保护我们赖以生存的环境。

·我们可能在生活中经常听到"灵魂"的说法。但实际上，脱离肉体的意识是不存在的，因此小朋友们不要怕鬼哦。我们日常所说的"灵魂"通常指道德意识。当一个人具有诚实守信、对他人宽容、富于怜悯等道德品质时，我们会说他灵魂高尚。

·人生不是十全十美的，难免有遗憾的存在。对待人生中的缺憾，我们首先要学会接受，认识到缺憾的存在是不可避免的。其次要对人生缺憾进行思考，进一步提升自我。

·我们在祝福的时候经常会说"祝你心想事成"。但是实际上受到这样那样的各种因素的影响，心想未必事成。我们要认识到，动机和结果的关系是复杂的，有了好的动机后，要选择正确的方法，才能有好的结果。我们在看待一个人做的一件事时，要把动机和结果结合起来看。

第四辑

伦 理 与 文 化

仁者爱人

　　孔子在鲁国身居要职的时候，他家的马棚失火，孔子退朝回家，目睹着焦土断垣，急切地问："伤人了没有？"只字未提马是否受损伤。这个故事说明，在孔子看来，同牛马相比，首先应当关心人。这种思想在孔子那里叫作仁。

　　仁是儒家的根本概念，《论语》里提到仁的地方有 109 次，孔子在不同场合对"仁"的多重含义做了阐述。那么，"仁"的最基本规定是什么呢？一般认为是**"爱人"**。《论语·颜渊》记载："樊迟问仁，子曰：爱人。"仁者爱人体现了孔子及其创立的儒家思想的人道原则，即肯定人的价值和尊严。**以爱人作为仁的基本规定主要有两个方面的内涵：**

　　在人和物的关系上，人比物重要。人为万物之灵，天地之间人为贵。按照荀子的说法，水火等无生命之物处于最低层次，植物有生命要高一点。动物除了有生命，还可以感知世界，比植物要高一点。人有生命，能够感知世界，还有道德规范，是所有存在中最有价值的。所以，孔子指出，具有人格尊严的人，不能将自己混同于自然界的任何器物。这里蕴含着两层相关联的意思：人作为类的存在，较之其他的物类，是更重要和更可贵的；人作为有人格尊严的个体，不是像自然物一样的被使用的器具。这样的两层含义结合在一起，把人和物区别开来，说明人的价值高于物，人不是工具而是目的。

就人和人之间的关系而言，仁者爱人意味着**人与人之间应当互相尊重和互相爱护**。

一方面，人人都要尊重他人生命存在的权利。天地之大德曰生，每个人都有活下去的权利。在社会生活中，我们自己要生活，也要让他人生活。每个人都有一个饭碗，如果有人把自己的饭碗变得跟脸盆一样大，那么，其他人的饭碗里面可能就寥寥无几了。按照孔子的说法，过多占有他人的生活资源是不仁道的。

另一方面，仁者爱人是对他人发展需求的尊重。君子有成人之美，无成人之恶。君子和小人的区别在于，君子希望每个人都发展得更好。三军可夺帅，匹夫不可夺志。每个人都有自己的潜能，都有自己生命的光辉，如果得到一定的滋养，小树苗就会长成参天大树。中国文化所说的长者风度，是长者对晚辈的宽容。得天下英才而育之，是老师对学生的提携。我发展，让别人也有发展的机会，也是仁爱精神。

儒家的仁爱思想在民间也有很大的影响，老百姓常常说："大家都是人生父母养的。"《水浒传》里的宋江被称为"有养济万人之量"，除了对江湖好汉慷慨解囊外，对一般的市井中人也经常施舍，所以被称为"及时雨"，这反映了民间对"仁者爱人"精神的诠释和向往。

修己与安人

  个人总是要在一定社会中生存，如何生存？隐士的态度和孔子截然不同。

  《论语》中有一段子路问津的故事：

  长沮和桀溺是春秋时的两位隐士。有一天，他们在一起耕地，孔子从楚国返回蔡国，正巧路过那里，便叫子路前去打听渡口。长沮漫不经心地问："那执缰绳的是谁呀？"子路答："是孔丘。"长沮用嘲讽的口吻又问："是鲁国的孔丘吗？"子路答："是的。"长沮调侃说："那他一定知道渡口在哪里了！"子路没趣，转而去问桀溺，桀溺却反问道："你是谁呀？"子路答："我是仲由。"桀溺紧接着问："是鲁国孔丘的门徒吧？"子路答："是的。"桀溺说："天下皆乱，犹如洪水滔滔，有谁来改变它呢？你与其追随孔丘这样躲避坏人的人，还不如跟随我们这些避开乱世的隐士呢！"他边说着，边继续翻着土。子路讨了个没趣，只好回来告诉孔子。孔子怅然长叹："既然不可与鸟兽同群，我不与天下人为伍，还会与谁在一起呢？如果天下都归了正道，我孔丘就不会想去改变它了。"

  在上面的故事里，孔子把长沮、桀溺这类消极避世而自命清高的隐士看作是与鸟兽为伍的人，并认为不能追随他们躲避现实的人世。中国古代素有"孔席不暇暖"之说，意思是儒家的创始人孔子，一生忙忙碌碌，奔波不定，为实现自己的政治理想而游说列国，奔走于道途，不能久留于一地，因而他的席子没有暖和过，可见其积极入世的执着劲头非同一般。

孔子尽管说过"天下有道则见，无道则隐"，他本人却并没有真正隐居过；相反，正因为天下无道，孔子才毕生"志于道"，决定用"道"来改变它。为此他亲自带领弟子周游列国，恓恓惶惶，屡屡碰壁，被人讽刺为"丧家之犬"。孔子也曾叹息道：如果有人用我，一年就可以了，三年必有成效。孔子这种百折不挠的入世精神，甚至遭到讥讽，有人说他是"知其不可为而为之"。

孔子的积极入世精神意味着在孔子那里，自我的实现跟对群体的社会责任感是联系在一起的。事实上，孔子总是把自我的完善同关怀他人联系起来。当子路问孔子什么是君子时，孔子的回答便是"修己以安人"。修己即自我的道德修养，安人泛指社会整体的稳定和发展。可以看到，自我人格的完善，最终是为了实现社会安定等群体价值。孔子的看法既不同于无视个体价值的极端整体主义，也不同于排斥群体的极端自我中心主义，表现了将群体价值与社会进步统一起来的思维趋向。

当然，孔子将"安人"规定为"修己"的归宿，意味着相对于群体的安定，自我的实现多少居于从属的地位。作为一种安人的过程，自我完善的内容主要不是培养独特的个性，而是使自我合乎社会的普遍规范。这一点从孔子的克己复礼思想中不难看出。依孔子之见，修己无非是以仁道原则来规范自我，而仁的内涵原则就是克己复礼。礼是一种普遍的社会规范，克己复礼，就是用这种社会规范来约束自我，从而实现自我的社会化。任何人在其存在和发展的过程中，都要经过一个社会化的过程，而个体的社会化过程又是对群体价值认同的过程，复礼的要求无疑触及了这一点。

孔子的修己以安人的思想，注意到个体的社会化以及个体的社会责任，无疑有积极意义。事实上，后来儒家的那种"先天下之忧而忧，后天下之乐而乐"的传统，便可以溯源于此。然而，在强化自我的群体认同及社会认同的同时，孔子对个体的自我认同未免有所弱化。从孔子的"绝四"说中，我们可以进一步看到这一趋向。孔子曾经说："毋意、毋必、毋固、毋我。"这里固然有克服主观独断的意思，但"毋我"的价值原则与克己的要求相结合，到底强化了个体对群体的从属性。

从总体上看，孔子对于如何处理个体和群体的关系，比较侧重个体的社会认同和社会责任，要求将"成人"的过程和群体的关怀统一起来，从而避免把自我看成是某种普遍规范的化身，避免形成枯燥、封闭的人格模式，在这些方面，有其积极的意义。但是，过分强调群体认同，也容易导致弱化个体的自我认同，乃至压制个性的发展，出现所谓"重群体而轻个体"的偏向。而这方面，孔子确有其局限性，因此，我们应该建立个体和群体统一的现代价值观。

我们为什么不应当说谎？

我们从小被教导要诚信做人，不要撒谎。那么，我们为什么不应当说谎？为什么要把不说谎规定为我们的一项基本伦理要求？通常的回答是因为说谎会产生不好的后果。我们可以把谎言分为两种，一种是善意的谎言，一种是恶意的谎言。

恶意的谎言，尤其为说谎者自身谋利益的谎言，对受骗者的伤害是很明显的。比如，骗子为了牟利把一幅假画以文物的价钱卖给他人，谁买了赝品就会承受很大的经济损失。消费者之所以对假冒伪劣产品这样深恶痛绝，一个重要原因是他们实际上受到了伤害。

而善意的谎言，也还是有一定危险存在：受骗者一旦发现自己被欺骗了，他们就会感觉自己受了侮辱，就会觉得自己是在被操纵。他们就可能不再信任对自己说谎的人，甚至对更多的人乃至对整个社会持不信任的态度。

所以说，无论是善意的谎言还是恶意的谎言，对谎言接受者来说都是一种伤害。

而从说谎者一方来说，也许他会从说谎中暂时得到好处，但这种好处是以别人一旦识破其谎言，将会带来比他的暂时效益大得多的损害为赌注的。比如，商店卖假东西，会在短时间内赚取超额利润，但一旦被消费者举报，或被新闻媒体曝光，也许会因此而无人光顾，导致破产。

一个说谎者要获得好处有赖于谎言不被人识破，而即使谎言不

被识破，我们也不可低估谎言对他的心理和人格造成的潜在影响。他得费尽心机，不断地用新的谎言去弥补旧的谎言；而他每说一次谎也增加了他被识破的危险。最重要的是，他只要有一点自我反省的能力，就不难想到，这样他成了一个什么样的人呢？这样的生活不是太苦了吗？事实上，我们在生活中之所以拒绝一些看起来不会直接有损于他人、却对自己有利的谎言，并不是害怕伤害他人，而是害怕伤害自己，是为了捍卫自己的人格。

　　我们还可以撇开欺骗和受骗的双方，而从一种客观的、整体社会的观点来看待说谎。显然，某种程度的诚实所造成的社会上的相互信任的气氛，是维系一个社会的基本纽带。没有一个起码的相互信任，哪怕是一天，社会都无法存在。而欺骗和谎言却腐蚀着这一基本纽带。说谎不仅是对谎言直接伤害者的危害，也是对整个社会的危害。若允许说谎蔓延到一定程度，人与人之间无法交流，这将导致社会崩溃。

　　以上是从说谎的危害来说明我们为什么不说谎，但是哲学家不满足于这种经验的证明，而是要从理论上加以论证。在哲学家看来，说谎是一种无法普世的策略，说谎能够成功实际上有赖于别人不说谎，有赖于多数人在多数情况下都能互相信任。一个说谎者所采取的策略是一个逃票乘客的策略，甚至没有谁比他更希望别人诚实了。如果大家都说谎，那么，将没有人会信守承诺，谎言就失去有效性，从而不具备普遍有效性并且自己否定自己。因而，说谎从本身逻辑来说还是不成立的，它一旦被普遍化，那就要自相矛盾、自行取消。这种论证不干涉预先的道德谴责，体现了哲学思维富于理性的特点。

诚　信

　　《庸庵笔记》载：曾国藩有一条不成文的规定，每天早晨一定要召集幕僚一起用餐。李鸿章刚入幕府，对曾国藩的规定还没有完全摸透，有一天，因为疏懒没有去用餐。于是片刻间，便有人接二连三地来催促，而且转告说："一定要等到幕僚到齐之后才能开饭。"李鸿章听罢便慌慌忙忙披衣前往。席间，曾国藩没有说一句话。吃完饭，曾国藩危言正色道："少荃！既然入我幕府，我有言相告，此处所尚，唯一'诚'字。"李鸿章为之悚然。对李鸿章的疲沓作风，曾国藩既不指责他不忠，也不说他无礼，更不谈他违反营规，而是以"诚"相告，可见"诚"在曾国藩心目中占据何等重要的位置。

　　《中庸》里面说："诚者，天之道也；诚之者，人之道也。"在儒家思想中，天是生命的源头，也是价值的源头，具有至高无上的神圣性。天的性质就是"诚"，实实在在，没有半点虚伪。人应该效法天道，做一个实实在在的人。曾国藩之所以训斥李鸿章，是因为对他期许很高。李鸿章没有准时用早餐，虽然是小事，但明知不对而为之，那就是自欺欺人，就是不诚，这样的人不堪重任。曾国藩批评李鸿章诚的功夫不够，抓住了人的本性、人的德操的大问题，因而使李鸿章心服口服。曾国藩去世后，李鸿章说到此事，非常动情地承认他一辈子的成就与曾国藩的这一次批评有关。

　　诚信是儒家倡导的道德规范。诚表现为内在的真实的心理状态，《礼记·大学》里说："所谓诚其意者，毋自欺也。"诚的含义是不自欺欺人，能真心实意地为善去恶，不弄虚作假。信的含义即"诚"和"实"，指在处理人际关系时要言行一致，忠于自己的诺言和义务。我们现在讲"诚信"要把这两者结合起来，"诚信"的意思就是对内不欺骗自己，忠实于内在良知，从而形成稳定的人格；对外要考虑他人，关心自己言行对他人的影响，关心他人因此将对自己所持的态度，从而取信于人。这就是儒家说的"诚于中，形于外"。

诚信之所以重要，因为诚信是人与人交往的基础。诚信守诺是做人立业的根本。古人说，人所以立，信、智、勇也。就是说，人靠信用、智慧、勇敢而立足于社会，其中讲信用是立足于首位的，足见其重要。孔子说："言忠信，行笃敬，虽蛮貊之邦，行矣。"意思是说，一个人说话忠实守信，行为敦厚严肃，就算到了陌生的地方，他的主张也行得通。这就是说，为人处世，只有讲求信义，言而有信，自己的道理主张、所作所为就能为他人所接受，才能获得成功。

一个人只有做到内不欺心，外不欺人，才能算是一个君子。讲求诚信可以确立自己的道德自信心。

宋儒徐积有一次为母亲做饭，先经过一户卖肉的人家，心想要去买这家的肉，但因为还要去市场买其他东西，就暂时没有买。当他归来时，走了一条较近的便道，也看到一户卖肉的人家，他打算就在这里买，因为这样方便。但这时候他却这样想："我已经心许了开始那个卖肉的人家，而又突然改变了主意，这不是欺骗我的初心吗？"于是仍然绕道去原来那个卖肉的人家买肉，徐积后来回忆说，"吾之行信，自此始也"。

这件事在现在看来可能是很可笑的，但我们却不可轻视这件事对一个人自我道德修养的影响。徐积的所作所为使他进入了一个新的境界，因为如果他人不知、对他人也没有影响的自我承诺尚且可以做到不违背初衷，更何况其他的事情？

好动机是否一定带来好效果

评价一个行为是否道德，我们应该根据动机还是根据效果？这是很多人都在思考和都要面对的问题。

一种回答可以称之为动机派。我国古代的儒家，大多数思想家都比较重视动机。孔子说："三君可夺帅，匹夫不可夺志。"志在这里除了理想、志向的含义外，也有动机的意思。孔子还说："我欲仁，斯仁至矣。"这里的欲，无疑是作为动机的道德意识。

孟子评价孔子："自有生民以来，未有盛于孔子也。"孟子认为孔子是有史以来最伟大的人物，超过了文、武、周公这些人。孟子对孔子的评价，不是以政治功业为标准，在这一方面孔子是不能和文、武、周公这些人相比的。孟子是从孔子的道德人格、试图挽救天下苍生的社会责任感来说的。

儒家总体倾向是重动机轻后果。汉代大儒董仲舒说："正其道不谋其利，修其理不急其功。"认为一个人行为的善恶，主要看他是否出于"道""理"的善良动机。这种只问动机、不求功利的思想对后来的政治很有影响。

民间伦理认为：有心为善，虽善不赏；无心为恶，虽恶不罚。意思是说带着私心去做好事，即使有好的结果也不应受赞赏。秉承善意却无意作出坏事，不应受惩罚。这大概是受儒家思想的影响。

动机在人们道德行为的选择和道德评价中有着十分重要的作用。动机的正确与否，直接规定着人们行为的方向。良好的动机，能够帮助我们明确自己的社会责任感，从而作出高尚的行为。相反，不好的动机，能够致使人作出有害的行为。

在道德评价中，分析和确定行为的动机是作出公正、恰当评价的关键因素。道德评价中，动机是重要的，但是不能由此走向唯动机论。一味地追求动机而不问效果，有时会导致南辕北辙。

与动机论相反的回答是效果论。在中国哲学中，最极端的效果论是法家。法家主张道德评价只重效果，不看动机，这是与法家的人性论联系在一起的。在商鞅、慎到、韩非子等人看来，人的本性是自私的，古今概莫能外。既然人性自私，人人在实际中的行为必然都为自己着想，这就像火焰朝上、水流朝下一样是不可改变的。既然人人都为自己，那么，不论什么人和什么行为，动机或意志的问题就可以不加考虑了。这样，道德评价在法家那里就变得非常简单，只要看人的行为的效果就行了。

比较好的评价方法应该把动机和结果结合起来。这说起来好说，实行起来仍然很有难度。当动机和效果一致的时候，我们很容易把它们结合起来考虑。但是，动机和结果并不总是一致的。好的动机不一定有好的结果，比如父母希望儿女愉快，不能说动机不好，但因此而溺爱儿女，致使儿女好逸恶劳，造成了不好结果，这时怎么评价？坏的动机不一定有坏的结果，比如隋炀帝开挖大运河，虽然劳民伤财，但是大运河在此后的长时期里成为我国南北运输的通道，对此又应该怎样评价？

此外，动机是隐蔽的，效果是外显的。许多行为的动机除了行为者自己，他人很难察觉。这个时候要把动机和结果结合起来评价就很困难。

看来，道德评价应该把动机和结果结合起来，这是不错的。但具体怎样结合，是一个应该思考、研究的问题。

到底什么是平等

平等是我们现在常见常用的一个词，可是如果有人问平等究竟是什么含义，大家又会感到茫然。中国古人讲得比较多的是"上天生人不齐""人分三类九等"。在封建时代，人和人天生不平等。

刘墉是乾隆皇帝的宠臣。一天，乾隆跟刘墉说："朕今年45岁，属马的，你呢？"刘墉垂手说："臣也45岁，属驴的。"乾隆感到惊奇，又问："爱卿怎么属驴呢？"刘庸说："万岁属马，臣怎能同属？只好属驴了。"

皇帝是天子，乐了叫"龙颜大悦"，恼了叫"龙颜大怒"。即使贵为宰相、尚书，也常常觉得"伴君如伴虎"。同样的官，也不平等，官大一级压死人。官下面是民，"民不与官斗"。民之中也不平等，分四类：士、农、工、商。最高贵的是读书人，"万般皆下品，唯有读书高"。读书人的高贵还是由于有可能做官，"朝为田舍郎，暮登天子堂"。

看来人与人之间存在差距，这是事实。从生理上说，有的人体格强壮，有的人弱不禁风；从智力上说，有的人聪明，有的人愚鲁。这是人和人之间天然因素造成的不平等。至于人与人之间由社会因素造成的不平等，那就更多。比如，在现在，世界上有些小孩是天天有人用小汽车送了上学，有的小孩天天走着上学，还有些小孩没机会上学。可以讲，至少是现在，世界上人和人之间存在着事实上的不平等。

既然不平等，为什么还要说平等，把它作为一种信念？也就是说平等的依据何在？其原因可以从以下的两个方面来说：

一是从功利的角度来说，**如果社会生活中的人都持平等态度，那么，我们生活中的烦恼要少得多**。在社会生活中，如果能够以平等的态度对待人，那么得到的就多，失去的就少。现在的社会分工细化，一个人日常生活需要的东西，大多是他人生产出来的。比如，农民种地，离不开工人的机器，工人要生产，首先要吃饭，吃饭离不开农民生产的粮食。每个人都依赖他人而存在，应对他人抱持平等之心。

二是从一种非功利的思想来讲，**平等思想是一种高尚的思想，表现人对自己同类的尊重、同情，体现了人性中美好的一面**。人与禽兽不同，人能觉悟到自己与其他人是一类。一条狗饿极了，可能会咬死另一条狗，然后把它吃掉。但是，如果一个人要吃掉另一个人，我们会说他丧失人性，不承认他是人。"民吾同胞，物吾与也"，胸怀广阔，不仅把人看成是自己的同类，而且视天地万物为自己的同类。佛教说万类有情。这一类的平等思想主要是从道德的领域来讲，是理想，是信念，是对人的尊重。有这个理想和没有这个理想，区别是很大的。如果一个社会，每个人都能得到平等相待，都有平等发展的机会，那么，社会上的大多数人就会心平气和。反之，可能就会有很多人不满，社会就会动乱。中国封建社会的农民起义，打的旗号大多是"等贵贱，均贫富"，这跟人与人之间的不平等有关。

论朋友

什么是朋友？我们来讲几个流传已久的故事。

相传伯牙擅鼓琴，钟子期擅解琴意。伯牙志在高山，子期说："巍巍乎若高山。"伯牙志在流水，子期说："洋洋乎若流水。"子期死后，伯牙认为世无知音，断弦不复鼓琴。

管宁、华歆二人曾同园锄菜，见地有金，宁挥锄不顾，歆拾而掷之。又曾同室读书，有华车过门前，宁安然读书，歆起而观之。管宁以华歆过于势利，遂与之割席分坐，说："子非吾友也！"后称朋友绝交为割席。

管仲家境贫困，曾与鲍叔牙一起经商，每得利，鲍叔牙总是多与管仲。后管仲助公子纠，鲍叔牙助公子小白，共争齐国，小白杀公子纠即位，为齐桓公。鲍叔牙知管仲有相才，将他力荐于桓公，终使齐国取得霸主地位。管仲曾说："生我者父母，知我者鲍叔。"后以管鲍之交指知己之交。

社会是一个普遍联系的整体，没有人可以孤立地生存。人生在世离不开友谊，鲁迅先生说过："人生得一知己足矣，斯世当以同怀视之。"友谊贵在志气相投，朋友之间要互相谅解、互相帮助。

关于交友之道，孔子强调对地位高的人不谄媚，对地位低的人不摆架子。《礼记》有"三不"之说，即"不失足于人，不失色于人，不失口于人"。这就是说朋友之间无论在行为、表情还是言语上，都要慎重。

真正的友谊是超越功利的，如金庸在《笑傲江湖》里面写的曲洋和刘正风的友谊，纯粹是音乐上的趣味相投，超越了狭隘的帮派利益，二人为此而付出了自己的生命。

孤芳自赏，一个朋友也没有，这种人是可悲的，但是，无论走到哪里，只要遇到人，就统统称之为朋友，这种人是轻率的。在实际生活中，我们结交朋友必须慎重、认真。不同的朋友会产生不同的影响，有的产生积极的作用，有的产生消极的作用。古人把能够规劝自己的人称为净友、畏友。唐代张籍和韩愈是亲密的朋友。韩愈作为著名文学家具有杰出的才华，但也有一些缺点和毛病。他比较清高自傲，不能虚心听取朋友的意见，在不得志时，常爱赌博。张籍出于对朋友的真心关切，多次写信批评韩愈的缺点，张籍便是韩愈的净友。

慎重选择朋友，最重要的是要在实践中辨别真伪朋友，考验真假友谊。德谟克利特说："很多显得像朋友的人其实不是朋友，而很多是朋友的人其实并不像朋友。"《水浒传》里，武松在醉打蒋门神之后，张都监表面上要跟武松结交，实际上是要置武松于死地。所以，我们在选择朋友的时候，要善于辨别，不要被表面现象所迷惑。那么，我们如何辨别真假朋友呢？俗话说："路遥知马力，日久见人心。"困难是检验真假友谊的试金石。林冲与陆谦结交在前，与鲁智深认识在后。但是，高述父子陷害林冲，陆谦落井下石，而鲁智深挺身而出，为了救林冲他连和尚也做不成了。谁是假朋友，谁是真朋友，落了难的林冲心知肚明。

天理和人欲，儒家是怎么平衡的

《笑林广记》里有一个故事叫《萝卜对》：

一个秀才给人家做私塾先生。主人每顿饭只有萝卜一个菜。先生心里很不痛快。一天，主人请先生一起吃饭，顺便看看儿子学得怎样。老师先对学生说："你爸爸吃饭时，如果要对对子，你看我的筷子夹住什么，你就对什么。"学生答应了。一会儿，主人来了，请先生上坐，儿子在旁边陪着。主人说："先生每天费心思教，想来我儿子应该学到不少东西了。"先生说："对对子还可以。"主人说："我出两字对，核桃。"学生看着先生。先生拿筷子夹萝卜，学生说："萝卜。"主人说："不太好。"又说："绸缎。"先生又用筷子夹萝卜。学生说："萝卜。"主人说："绸缎如何对萝卜？"先生说："萝是丝罗之罗，卜是布匹之布，有何不可？"主人抬头，看到隔壁东王庙，说："鼓钟。"先生又用筷子夹萝卜，学生又对"萝卜"。主人说："这更对不上了。"先生说："萝乃锣鼓之锣，卜乃铙钹之钹，有何不可？"主人说："太勉强了。"又出二字对："岳飞。"先生又夹萝卜，学生仍对"萝卜"。主人说："这更加不对了。"先生说："岳飞是忠臣，萝布乃孝子，有何不可？"主人便发怒了："先生怎么总是让我儿子对萝卜？"先生也发火说："你天天叫我吃萝卜，好容易请客，也叫我吃萝卜。我眼睛看的也是萝卜，肚内装的也是萝卜，你让我怎么不教你儿子对萝卜？"

秀才是读书人，按照过去的要求，读书人要遵循儒家的道理，

95

不应该因为天天吃萝卜而发牢骚，不好好教书。这个故事涉及理与欲的关系。理是社会规范、道德要求及其内化，欲是人的感性欲望。理与欲的关系怎样协调，也是中国哲学关心的一个问题。

早期的儒家对于感性需要的欲，并不简单加以贬斥和否定。

孔子说："富与贵，是人之所欲也，不以其道得之，不处也。"对富与贵的愿望，不是要不要的问题，只是得之的方法是否正确的问题。荀子说："人生而有欲。"又说："虽尧舜不能去民之欲利。"他主张养人之欲，给人之求。

当然，在人们的价值追求中，不可避免地会出现"天理"和"人欲"的对立。如何解决这一矛盾？孔子提出"君子谋道不谋食"，表现了**对理性追求的注重**。谋道是追求理想，体现了理性的追求，谋食是感性欲求。在谋道、谋食之间，孔子更重视前者。

随着儒学的正统化，理性优先的原则也不断地被强化，而感性的欲求则常常受到压制。宋明理学则强调天理人欲之辩，如朱熹认为"人之一心，天理存则人欲亡，人欲胜则天理灭，未有天理人欲夹杂者"，主张学者"须是革尽人欲，复尽天理，方始是学"，把理与欲的对立推向了极致，最终导致"以理杀人"。

《儒林外史》里写了一个秀才王玉辉，读了几十年程朱理学，结果越读越蠢。三女婿死了，他竟然怂恿女儿绝食殉夫。他对女儿说："我儿，你既如此，这是青史上留名的事，我难道反拦阻你？你竟这样做罢。我今日就回去叫你母亲来和你作别。"女儿死了，他仰天大笑："死得好，死得好！"

理与欲的极端对立一方面导致以理杀人，另一方面导致理的虚伪化。与王玉辉相似的是，《儒林外史》里的读书人都在不断地违背天理满足人欲。被誉为"居善守礼"的举人范进，守孝期间就跑出去打秋风。他在喝酒前装腔作势，不肯用银镶筷子和象牙筷子。可是刚开始吃，就迫不及待地"在燕窝碗里拣了一个大虾元子送到嘴里"。因为"优行"而被举荐为贡生的严大位，明知弟弟死了，却要等弟媳送来二百两银子，才"戴孝"过去，在柩前"干号了几声"。不久，又想方设法夺取弟媳的家产。理的虚伪化，对人的精神是一种腐蚀，使一些人常常用冠冕堂皇的理由来满足不可告人的目的。

人作为社会的存在，既是理性的存在，又是感性的存在。在现代社会，如果一个人完全从口体之欲出发，追求物欲享受，无疑算不上一个高层次的人，但是如果追求某种与人的感性欲望截然对立的理，又会导致对人的感性欲望的抑制，而脱离人性的理无疑是一种抽象的、玄虚的教条。所以说，理与欲无疑需要某种平衡和协调，究竟怎样达到，这正是我们需要加以研究和思考的。

美的标准是什么？

《聊斋志异》有一个故事：

一位汉族商人的儿子名马骥，长得很美，能歌善舞，有美男子之称。有一次航海遇到了大风，他漂泊到大罗刹国，这里的人长得奇形怪状，但他们见到马骥后，反认为他长得难看，以为是妖怪来了，吓得大叫着走开，不敢接近。时间长了，他们觉得马骥不像要吃人的样子，才敢同马骥搭话。马骥问他们为什么这么害怕。他们回答说："曾经听到祖上有人说，很远的地方，有个地方叫中国，那儿的人长得奇形怪状，过去只是听说。看到你这个样子，才知道确实如此。"罗刹国的人还告诉马骥，在罗刹国，人的地位取决于他是否美貌。有一天退朝，有人指着一个大官告诉马骥说，他就是宰相，是著名的美男子。马骥一看，宰相两个耳朵朝后长，三个鼻孔，眼睫毛像帘子一样盖住了眼睛。跟在大官后面的大夫之类也一个个狰狞怪异。

这个故事当然是虚构的，但是却极好地说明了美具有民族性。

各个民族的经济状况、生活习惯、地域、性格、爱好等不同，这些不同又渗透到对美的感受中，形成不同的特点和差异。

以我国少数民族为例，如蒙古族生活在我国北方，地处塞外边疆，沃土千里，水草丰富，牧民的生活陶冶了他们粗犷、开朗、勇敢的民族性格，因而他们喜爱节奏明快、热情奔放的舞蹈。而地处我国西南边陲的少数民族，如壮族、苗族，他们的舞蹈动作优雅，配上悠扬笛声，表现了他们民族欢快、爽朗的性格。朝鲜族性格比较温和、文静，人们喜爱击鼓跳舞，用手掌拍击，舞姿翩翩，秀丽典雅。

对于人体和皮肤美的欣赏，不同民族审美趣味的差异性也是很大的，甚至是根本对立的。黑人美女，黄种人不一定觉得美；白人美女，其他人种不一定觉得很美。每一种人对于他们居住地域的民族来说是美的，但是对于其他民族来说，就不一定是美的了。

达尔文在《人类的由来及性选择》一书中说：非洲摩尔族人看见白人的肌肤便皱起眉来，好像不寒而栗。非洲西海岸的男人认为"皮肤越黑越美"。卡菲尔人中有长得较白的男子，没有一个女子愿意嫁给他。在欧洲白种人那里，丧服是黑色的，而在澳洲黑人那里，丧服是白色的。在西方宗教神话里，天使是白色的，魔鬼是黑色的。而在非洲的艺术家那里，魔鬼被描写成白色的。

再如，在绘画艺术上，中西审美观念、审美趣味、审美实践大不相同。

西洋油画以毛刷、油彩为工具，从古希腊流传下来的传统画风，是在一幅画面上现出立体的空间的画境。特别重视透视学、解剖学、光影凹凸的晕染，大都是以色块构图，画境似可走进，似可用手触摸，形象逼真，色彩浓烈。这是西洋油画的色彩和风格。

而中国画则有很大不同，中国画的工具是笔墨，借笔墨的飞动，写胸中的逸气，所以中国画不重视具体物象的逼真刻画，而用笔墨来表达人的性格、心情与意境。画家挥洒之间，笔墨浓淡相济，虚实相生，构成一幅如音乐、如舞蹈的图案，乃能笔笔虚灵，不滞于物，而又能笔笔写实，为物传神。

在国际交往日益频繁的今天，我们要努力了解各民族的审美习惯，并且要以包容的心态尊重各民族的审美习惯。

历史发展有规律吗?

　　有人说，历史是任人涂抹的小姑娘。这话的意思是说，历史是人根据主观需要制造出来的，没有客观性，那么自然也就没有规律。

　　更多的思想家认为历史有规律。有人说，"太阳底下没有新鲜事。"《三国演义》里说："天下大事，分久必合，合久必分。"

　　历史发展有没有规律? 这个问题的实质在于，历史发展是否始终受某种因素的必然支配，并且是必然地、不可避免地向某个方向发展。关于这个问题，历来有两种回答。说历史没有规律的人往往是过多地注意到了历史发展中的偶然性。18 世纪法国哲学家帕斯卡就说："假如克利奥帕特拉的鼻子生得短了一寸，全世界的历史都要为之改变。"克利奥帕特拉是公元前 1 世纪埃及托勒密王朝的最后一位女法老，她的美貌征服了罗马史上举足轻重的恺撒、安东尼等人。显然，帕斯卡倾向于认为历史是偶然的，也就是没有规律的。

　　中国传统哲学讲究"通古今之变"，要求认识和把握贯通古今变迁的原因，这就涉及了历史规律的问题。

　　中国古代的儒学思想家往往认为冥冥之中有一种天意在决定着人间的命运。孔子说，死生有命，富贵在天。意思是说个人的命运掌握在天手里。他还用"天命"来解释历史，把历史看成是圣人根据"天命"再造的，"唯天为大，唯尧则之"。他认为尧效法天创造了一套制度，这套制度可能会有小的调整，但从根本上说，是不会变化的。

孟子也讲天命论，他说"五百年必有王者兴"，又说"莫之为而为者，天也；莫之致而至者，命也"。他认为现实生活中的一切都是由天命所规定的。他说舜得天下并不是由尧传授的，而是由天授予的；天不是通过语言来下命令，而是通过对历史进程的支配来体现其意志。

可见，孔孟都认为**历史的进程具有某种必然性**，但这种必然性以天命的面目出现，而圣人则是天命的代言人。

法家具有历史进化的观念，认为历史进化是一种必然趋势和客观规律。《商君书》说："圣人知必然之理，必为之时势，故为必治之政。"不过他们认为掌握了这种必然之理和必为之势的统治者所推行的"必治之政"，必须以实力来支配一切，包括使用暴力。

先秦诸子虽然都不同程度地认识到社会历史要受某种必然性的支配，但往往把这种必然性归结为神秘的天命或圣王的意志，从而导致历史观上的神秘主义。

王夫之是中国古代认真思考过这个问题的哲学家。王夫之提出了"理势合一"的历史观。理是历史规律，势是历史发展规律。他认为合乎历史发展规律，就自然成为发展趋势，而不得不以之为然的历史趋势正体现了发展规律。"理势合一"意味着可以通过外在的、具体的、可感知的历史趋势，来把握内在的、抽象的、不可直接感知的历史规律。

由于历史规律相对于自然科学规律要复杂得多，人类对它的认识也相应地困难得多。即使对现代学者来说，历史究竟是必然如此这般，还是有种种可能性，仍然是一个难题。但不可否认，有关历史规律的问题是一个有价值的问题，值得我们认真思考的问题。

读书笔记

·孔子说："仁者爱人"。以爱人作为仁的基本规定主要有两个方面的内涵：在人和物的关系上，人比物重要；在人与人之间的关系上，人和人之间应当相互尊重和互相亲爱。仁者爱人是对他人发展需求的尊重，人人都要尊重他人生命存在的权利。

·人总要在一定的社会中生存，在处理个人和群体的关系时，我们既要规范自己以适应群体，又要保持个体的自我认同，建立个体和群体统一的现代价值观。

·我们从小被教导要诚信做人，不要撒谎，撒谎可能会带来严重的后果。如果大家都说谎，那么将没有人信守承诺，人与人之间无法交流，这将导致社会崩溃。某种程度的诚实所造成的社会上相互信任的气氛，是维系一个社会的基本纽带。因此，我们一定要严格要求自己，诚实守信不要撒谎哦。

·世界上难免存在不平等的现象，但是作为一种信念我们要深知：人人生而平等。平等是一种高尚的思想，表现人对自己同类的尊重和同情，体现人性中美好的一面。

·社会是一个普遍联系的整体，没有人可以孤独地存在，人生在世离不开友谊。友谊贵在志气相投，朋友之间要相互谅解、相互尊重，要珍惜自己的朋友哦。

·由于各个民族的经济状况、生活习惯、地域、性格、趣味、爱好等不同，形成了不同民族不同的美感和审美差异。我们要努力了解各民族的审美习惯，以包容的心态尊重各民族的审美习惯。

知 识 与 智 慧

知识和智慧

《列子》中记载了一个《两小儿辩日》的故事：

孔子去东方讲学，看见路旁有两个小孩正在激烈地争论，便下了马车，上去看个究竟。小孩子看见孔子来了，都抢着请他评判对错，一个小孩说："太阳早晨离人近，中午离人远。"

"不对，"另一个小孩接着说，"应该是早晨离人远，中午离人近！"

前一个小孩嚷道："你错了，你没看见？太阳出来的时候足足有车轮那样大，到了中午，却只有盘子那么大了，这不是近大远小的缘故吗？"

"你才错了！"另一个小孩说，"早晨天气凉飕飕的，中午却热得像在汤锅里，这才是近热远凉的道理！"

两个小孩请孔子做裁判，孔子抓了半天后脑勺也答不出来。这个问题对于现代科学不算难题，孔子不能解决的问题，现代人能够解决。我们与两千年前的人们相比，懂得许多他们不知道的知识，比如我们知道地球是圆的，地球绕着太阳转，我们还会解高次方程，而这些古代哲人不懂，能不能说我们比他们有智慧？好像一般人都不会这样认为。

知识与智慧的关系问题是哲学上的大问题。知识通常与无知相对，包括常识与科学，是可以用语言、概念来描述的东西；往往是对世界的某个局部、具体领域不带感情色彩的陈述。所谓智慧，日常的用法含义比较含混，比如说中国人民勤劳勇敢和富于智慧，含义很广泛。

哲学上讲的智慧不是回答和解决具体问题的"小聪明"，而是关于人类生存发展和安身立命的"大智慧"。比如老子、庄子所讲的道，超越名言，无所不在，具有最大的普遍性。佛学里面常讲智慧，认为人生活在五浊恶世，在生死苦海中轮回，非常痛苦，智慧是由痛苦的此岸到快乐的彼岸的方法。儒家讲求"为天地立心，为生民立命，为往圣继绝学，为万世开太平"。哲学的智慧，用我国当代哲学家冯友兰的话说，"使人能够成为人，而不是成为某种人"。

智慧和知识的区分在于，知识是对世界某个局部的认识，智慧是对于世界整体或大全的认识。具体科学往往把客观世界的某一部分、某一层次作为自己的研究对象，所把握的是世界的一个棱面。而哲学历来就要"究天人之际"，虽然自近代以来这种雄心已经越来越力不从心，但哲学从整体上把握世界的努力从来没有停止过。

哲学的智慧，不是既定的知识，不是现成的结论，不是实例的解说，不是枯燥的条文，而是追究生活信念的前提，是探寻常识的根据，是反思历史进步的尺度，是追寻评价真、善、美的标准。哲学智慧反对人们对流行的生活态度、思维方式、价值观念、审美情趣等等采取现成接受的态度，反对人们躺在无人质疑、因循守旧的温床上睡大觉。

另一方面，知识是纯客观的认识，只涉及认识对象自身的事实，不涉及价值、评价等问题。比如说，$1+1=2$，作为数学知识放之四海而皆准，中国人承认，美国人、日本人也不会否认。而智慧带有主体的情感、意志等特征，在一个智慧者的眼睛里可以看到"山中一日，世上千年"的人生感悟，在"拈花微笑""庖丁解牛"等故事里智慧呈现出一种主客交融、物我两忘的境界。智慧体现了人的灵性、人的尊严，智慧往往要依靠人格作为载体。佛教的罗汉、道教的真人都是有智慧的存在，一举一动，都充满了玄机和魅力。哲学家是尘世中的智者，儒家推崇孔子"夫子仁且智"，孔子的智不是无所不知，而是对人生意义的觉醒以及此后行为的适宜。

  智慧的最高境界是对人生意义和价值的感悟，最终要通过一定的人格体现出来。不同的科学家解决同一科学问题往往会运用相同的方法，即使小有不同，但彼此都会形成共识。但在哲学上，不同的思想家对同一问题所提供的回答常常大相径庭，但不妨碍都是智慧。牟宗三曾经说过，世界是混沌的，哲学就是通过某个孔隙注入一缕光线，照亮整个世界。各个哲学家、各个民族追求智慧的趋向不同，因而认识世界的孔隙不同，但这种智慧之光都足以照亮整个世界。

知识就是力量吗？

　　"知识就是力量"是一句许多人耳熟能详的话，也是许多人深信不疑的话。但是熟知并非真知，这句话同样有值得探讨的余地。

　　对于个人来讲，无论是在古代，还是在现代，没有一定知识，很难生活下去。有了知识，就可以解决人与自然、人与社会的矛盾。知识体现了人的主体性，"知识就是力量"有一定的道理。

　　但是，人的力量是由多方面因素构成的，知识只是其中的一个方面。比如说，把知识运用到实践中去解决具体问题的能力，有时候可能比知识本身更重要。人在运用知识解决问题的时候，有时候会遇到困难，这个时候，意志的专一和坚韧就很重要。孤零零的个人是缺乏力量的，"一个好汉三个帮"，人要有力量就必须和他人融为一体，组成社会，和谐合作。

　　对于社会的发展来说，仅仅有知识更是不够。近代史上，许多仁人志士认为中国的落后在于缺少西方的科学知识，派了好多留学生去学习制造机器，结果还是赶不上外国人。这才知道，除了科学以外，还有政治制度、法律制度、教育制度等方面的问题。

　　"知识就是力量"也造成了教育目标的单一化。教育变成了老师传授给学生知识，然后通过种种考试形式来检验学生，大多数学生所学不会超出老师传授的范围。教育目标的单一化，使学生只会做题目、背书本，缺少足够的想象力和灵活性，更谈不上独立自由的创造性人格了。实际上，知识并不能代替创造性，有时候还起到遮蔽人智慧的反作用。在金庸小说《侠客行》里，一群饱学之士研究石刻《侠客行》中的武功秘诀，花了几十年未能解开谜底。解开谜底的是一个大字不识的小叫花。这提醒我们，不要被知识蒙住了双眼，而看不到生活中更本原的东西。

哲学史是一环扣一环的吗？

　　传统哲学思维把哲学发展的轨迹确定为一环扣一环的螺旋式上升过程。比如说，谈到中国哲学，诸子之学、两汉经学、魏晋玄学、隋唐佛学、宋明理学、明清实学，后面的时代解决前一时代未能解决的问题，又提出了新的问题，人类的思想由此前进上升。孔子讲仁，孟子讲仁义，是对孔子思想的发展。老庄讲"绝仁弃义"，是对儒家思想的批驳。墨子讲兼爱，是看到了仁爱中"爱有等差"的缺陷，主张不分彼此的平等之爱。谈到西方哲学，思路往往是这样的：康德提出了哪些哲学问题？其中哪些被他解决了，哪些没有解决，费希特是怎样去解决康德遗留下来的问题？他自己又留下哪些没有解决的问题？谢林又怎样接着去解决费希特的问题的？而黑格尔又是怎样解决谢林未解决的问题的？

　　上述对哲学史的理解是建立在这样的一个假设之上，即不同时代的哲学家在他们的著作里使用了同一种"语言"，这种语言对他们双方都是同一的。这样，变化仅仅意味着对以前观点的纠正。哲学的历史演进被描绘成追随者、辩护者和反对者所进行的观点置换和概念引申。事实并非如此，孔子、孟子、朱熹、王阳明表面上用了许多相同的概念，但他们各自生活于不同历史时期，作为大思想家有自己的独特个性，所要解决的问题也大不一样。从这样一种螺旋式上升的视角出发，哲学和其他文化形式的联系、哲学家活生生的个性都被推到视野之外，所留下的只是一连串问题的僵硬框架。

这种研究方法归根到底是犯了范畴化错误，就是将一种既定的范畴和模式强加到研究对象上，以此为标准对哲学家进行分类和排队。在排队的过程中，那些被当作人类认识发展过程中重要的思想家被保留下来，而另外一些被认为相对次要的哲学家则被忽视了。这种人为地把哲学家分为重要的和不重要的做法忽视了哲学思想的丰富性、多样性。正是有鉴于此，近年来的哲学史书写已经不再着重揭示哲学家的思想是如何作为人类认识史的某个环节，转而强调哲学家的思想是如何进入实际生活世界，真正在芸芸众生中起作用的，以及生活世界为哲学家提供了怎样的资源。这种研究使哲学史成了开放性解释的历史，使哲学的隐喻、神话、修辞等特征从封闭的认识框架中解放出来，从而使哲学智慧的彰显成为可能。

学而知之与生而知之，
自知无知才是知识的起点

司马迁在《史记·孔子世家》里写了几个关于孔子博学多识的小故事，其中一个说：吴国讨伐越国，攻克越国首都会稽，得到一节骨头，有车那么长。吴国专门派人前来请教孔子说："什么骨头最大？"孔子说："大禹在会稽山召集群神，防风氏最后到，大禹把他杀了。防风氏的骨头有车那么长，这算是大的了。"吴人问："神是怎么回事？"孔子说："名山大川能够兴云致雨，给天下带来利益的，上面就有神来守山川之祀。"吴人问："防风氏守哪座山？"孔子说："防风氏的后人汪罔氏之君守封山和禺山，为釐姓。在虞、夏、商为汪罔，在周为长翟，现在称为巨人。"吴人问："他们有多长？"孔子说："僬侥氏身高三尺，这是最矮的人。最长的不会超过十倍，大概三丈吧。"于是，吴人对孔子说："您真是圣人呢！"

圣人是无所不知的人，吴人以此来称赞孔子，表示自己的佩服之情。孔子后世被尊奉为圣人，但孔子自己并不以圣人自居。他认为他的知识来源于学习。《论语》记载，子曰："生而知之者，上也；学而知之者，次也；困而学之，又其次也；困而不学，民斯为下矣。"

显然，孔子认为知识有两种来源，其一是生而知之，即由天赋而形成知识，其二为学而知之，即通过后来的学习获得知识。从总体上看，孔子的重点更多地表现在学而知之上，他虽然承认有生而知之者，却从来不以生而知自许，相反倒是以后天的探求来勉励自己。孔子说："我非生而知之者，好古敏以求之者也。"

那么，作为一个在后天的展开过程，学而知的起点是什么？对此，孔子作了如下规定："知之为知之，不知为不知，是知也。"按照通常的理解，不知便是缺乏知识，而在孔子看来，对"不知"这种状态的认识，本身也是一种知，即自知无知。在这里，知与无知并不是两种相互排斥的状态，而是彼此统一的：对不知的认识，实际上被理解为求知过程的开始。

孔子关于知与不知的想法使人想起古希腊哲学中著名的美诺诘难。柏拉图曾借美诺之口，对认识的发生问题提出了如下责难：如果主体完全出于无知状态，则不可能产生认识，因为在绝对无知的条件下不可能提出认知问题，另一方面，如果主体对某一对象已经有所知，则也不可能生发认识问题，因为既然已有所知，便没有再进行认识的必要。这样，无论在无知条件下，还是在有知条件下，认识都不可能产生。柏拉图以此论证了他的回忆说，即主张认识是对先天知识的回忆。柏拉图是在逻辑上区分"知"与"无知"，孔子主张的是伦理-行动态度上的"自知无知"。二者其实并不矛盾。现实的认识过程确实既不能从绝对的无知状态出发，亦不仅仅以知为前提。仅仅处于知的状态，认识往往缺乏内在的动力，而在绝对无知的条件下，主体同样不可能提出认识的要求，唯有当不仅出现了无知的情景，而且主体也意识到了这种无知状态，认识活动才能发生，孔子以知与无知的统一来规定认识的出发点，多少有鉴于此。

每一个问题都有唯一正确的答案吗？

《文汇报》曾报道了这样一件事，某地六年级的语文老师布置了一道作文题目叫《春天》。全班六十一名学生，大多都以"春天好"为主题，赞美春天和风细雨、花红柳绿。唯有一名同学与众不同，认为"春天并不好"：春天细菌繁殖旺盛，夏季蚊虫都在这时孳生；春天易流行感冒；春天雨水淅沥淅沥下个不停，很烦人，像个爱哭的小姑娘总也止不住；春天冷热不均，忽冷忽热……

在作文点评时，语文老师对全班学生说：有同学不停地在作文中写春天不好，是不听老师讲解，胡思乱想，跑了题的结果。古往今来，文人总是说春天好，"说春天不好是动错了脑筋"。

显然，这位老师在布置题目之前，对于春天，脑子里就有一个确定的答案：春天是好的。学生写，就是要写出老师认定的答案。

这种认为每一个问题都有唯一正确答案是传统哲学根深蒂固的思想，它是建立在"符合论"基础上的。因为传统哲学运用的是对象性思维，事物是客观于人的外在独立对象，人可以运用自己的理性去发现事物的确定本质和规律。人们的认识就是要主观符合客观。

现代科学表明，没有离开观测者的完全客观的对象性存在。与之相应，现代哲学往往认为，理论和事实之间没有绝对的分界线。理论、观察方法往往是强行地把事实驱赶到自己的框架之中。甚至有什么样的理论，就有什么样的事实。由此看来，传统的符合论值得怀疑，那么，以此为基础的每一个问题都有唯一正确答案的观点也必须重新认识。

　　"符合论"的实质在于先验地确定一个认识的固定目标，我们的任务就是发现这一目标，这无疑对人的认识的能动性是一种限制。其实，我们对事物本质的认知往往是在认识过程中构成的。并非每一个问题都有一个预先确定的答案，也不应该有，许多问题的答案应该在探讨过程中形成，而且好的问题往往不止一个答案，可惜现在好多人都不明白这个道理。

　　但其实，哲学上关于真理认识的理论很多，并非只有"符合论"一种，"融贯论""实用论"也提供了不同的认知角度。即使是"符合论"本身，也发展出了两种不同的形式——追求主观认识符合客观事实（传统认识论），或者追求客观现象符合主观认识（康德哲学）。

中庸之道

孔子的学生曾参，以孝敬父母著称。一次他到瓜田铲草，不小心把瓜苗的根铲断了。父亲十分生气，抡起棍子劈头盖脸地狠打他。曾参既不躲闪也不求饶，任凭父亲将自己打得头破血流，昏倒在地。孔子得知此事，心里很不高兴，不让曾参上学。曾参不明其意，托人去问孔子。孔子说，做儿女的有过错，父母拿小棍子轻打，应该站着受罚；如果动用大棍子，就必须走开，以免受伤。可是，曾参却在父亲暴怒时，情愿被打死也不走，这不是陷父母于不义吗？曾参的过错并不比不孝顺的人轻。

孔子之所以反对曾参的做法，是因为曾参没有按照中庸之道来立身处世。中庸之道是儒家思想的一个重要原则，也是儒家修身的一个重要标准。所谓中庸之道，简单地说，就是在思考问题或为人处世时，要做到恰到好处。偏离中庸就会走极端，孔子把超过了"中"称为"过"，把达不到"中"称为"不及"。

上面的故事讲的是孝。孔子向来主张人人都应该孝顺父母，对于不孝的人，孔子总是持鄙视、责备的态度。但是，孔子也不赞成"父要子亡，子不得不亡"这种愚孝，因为这种孝对父母并非有益，反而有害。孔子之所以责备曾参，不让曾参上学，正是出于这种思想。实际上，孔子认为，不孝是"不及"，愚孝是"过"，都是违背中庸之道的。

在社会生活中，不及的不良后果，容易被人理解；而过的不良后果，则不容易被人察觉。孔子是反对走极端的，他并不认为"过"比"不及"好。在《论语》里面有这样的记载：

子张和子夏都是孔子的学生。子张天资聪颖，但性格急躁，做事情往往超过恰到好处的标准。子夏天资较差，做事慢条斯理，往往达不到恰到好处的标准。换句话说，子张的缺点是"过"，子夏的缺点是"不及"。对此，子贡问孔子，这两个人谁更强一些，他回答说："过犹不及。"即过分和赶不上同样不好。

如何避免"过"与"不及"两种极端，达到事物的最佳状况呢？社会生活中之所以有人走极端，往往是由于过于执着己见。针对这种现象，孔子提出了**和而不同**。孔子说："君子和而不同，小人同而不和。"所谓"和"，是指保持不同事物间的和谐，把相同的事物归在一起。

孔子并不否认差异的存在，但他要求把差异的各方按照一定的秩序协调起来。孔子从"和而不同"出发，提倡人与人之间相互谅解、妥协、关怀、支持，从而达到关系协调，共同成长。在诸侯纷争的春秋时期，孔子还强调国家不论大小都应该平等相待，主张用和平手段解决国与国之间的争端。

孔子的中庸之道，除了和而不同，还强调**"时中"**，也就是原则性和灵活性的统一。所谓"时中"，是要求人们在发展变化的时代、环境和各种关系中去研究并把握彼时彼地的中。例如，古代人认为父母去世以后，儿女应该守孝三年，这就是"中"。然而，在今天的社会，这就不太合适了。又如"生命在于运动"，人人需要锻炼，但运动量因人而异。身强力壮的人，打球、跑步、爬山对身体健康更为有利，而体弱多病的人就不适宜这些剧烈运动。儒家推崇这种不断变化的"中"，即时时处于正中。由于"中"随着时间、地点、条件的不同而不同，所以时中突出表现了"中"因时而变的思想。

孟子称赞孔子为"圣之时者",孔子的一生,既坚持"先王之道"或"礼"的基本原则,又能根据具体情况做一些适当的、灵活变通的调整,力图兼顾原则性和灵活性。

对于中庸之道,有些人认为是折中调和、不讲是非,这是对"中庸"的误解。就其本意讲,孔子的中庸是追求适度、适中、无过与不及。它是有明确的原则界限和标准的。中庸的中本身就是一种准则,已经包含了坚持原则的意义。孔子把无过与不及的适度看作是最佳状态,就同我们穿衣服一样既不能太大,也不能太小,大小要符合自己的身材,要适中。

中庸之道反映在孔子的人格上,就是温和而又严厉,威严而不凶猛,庄重而又安详。孔子的时代,有一种人被称为乡愿,这种人志趣卑下,不讲原则,善于讨众人喜欢。孔子骂乡愿是"德之贼也",意思是败坏道德的人。由此看来,把中庸说成是折中主义,不符合儒家的实际思想,也是不公正的。

总而言之,中庸之道作为一种道德原则,尽管含有与进取精神、竞争智慧相冲突的因素,但它主张把不偏不倚与无原则的调和折中相区别,强调言行的一定界限,在今天仍然有积极意义,值得我们借鉴。

庖丁解牛，实践比理论更重要

《庄子·养生主》写了这样一个故事：

庖丁为文惠君宰牛，他用手拍着，用肩扛着，用脚踩着，用膝盖顶着，每个动作都发出动听的声音。所有的动作没有不合音律的。

文惠君说："啊，好极了！手艺怎么精熟到这般程度呢？"

庖丁放下刀回答说："我刚开始宰牛的时候，看见的只不过是一头完整的牛。三年以后，就不再只看见完整的牛了。现在我只用心神来领会，不用眼睛去观看。优秀的厨师一年更换一把刀，因为他们用刀割肉；普通厨师一个月更换一把刀，因为他们用刀割骨头。我手中的这把刀已经使用十九年了，宰杀的牛足有上千头，刀刃锋利得像刚从磨刀石上磨过一样。牛的骨节乃至各个组合部分之间是有空隙的，而刀刃几乎没有什么厚度，用薄薄的刀刃插入有空隙的骨节间，对于刀刃的运转和回旋是多么宽绰而有余地啊。所以我的刀用了十九年仍像刚磨过一样。虽然这样，每当遇到筋络、骨节结合的地方，我还是格外谨慎，目光专注，动作迟缓，动刀十分轻微。"

从人生哲学的角度看，庄子以庖丁解牛的故事说明社会是非常复杂的，犹如牛身上的筋骨脉络，盘根错节，是天下的大险大阻。身在如此复杂而阻碍重重的社会中，应当怎样行于世呢？庄子看来，世界虽然很复杂，但还是有自由生存的空间。人生在世，只要遵循自然的天理，采取小心谨慎的态度，就可以畅通无阻。庄子用这个故事说明，要想自由自在地生活在人世间，自如地掌握人生规律而不遇到困难，唯一的办法就是在个人生活实践中去体验。

这种实践体验型思维对于避免人与世界的分裂有价值，但是也有缺陷：中国历史上，许多科学技术领域积累了非常丰富的经验，却很少形成系统的理论和假说。在天文学上，中国人记载了最早的日食，观察了许多天象，但是却没有提出天文学的理论假设。在农业方面，有详细的耕作技术和栽培知识，却没有植物的分类学和一般理论性知识。中医在古代世界有多部著作传世，但是却没有人体科学如生理学的专门著作。这种现象就同实践经验型思维方式有关。

总之，庖丁解牛作为一种处世之道，体现了庄子在复杂的社会关系中力图顺其自然以保全自身的愿景，表现了摆脱社会困境与超越人生苦难的独特智慧。但其所反映的思维方式则与农业社会的个体生产方式有关，因而要与时俱进，以适应时代发展。

读书笔记

·知识与智慧的关系问题是哲学上的大问题。智慧和知识的区别在于，知识是对世界某个局部的认识，智慧是对世界整体或大全的认识。

·现代哲学认为理论和事实之间没有绝对的分界线。也就是说，每一个问题不一定都有唯一正确的答案，我们在思考时可以从多种角度去深入思考研究，培养自己的创新精神，而不要拘泥于一种固定的思维。

·庖丁解牛实践比理论更重要，我们要与时俱进发展这种精神以适应时代发展，在实践中取得进步。

第六辑

日 常 生 活 中 的 哲 学

无为而治

　　成语"萧规曹随"的来源是汉初，名相萧何去世后，高祖的儿子惠帝任命曹参为相。曹参上任后不理政事，每天和从吏喝得烂醉。惠帝责备他，曹参问："您和高祖比怎么样？"惠帝说："我怎么能同高祖比！"曹参又问："您觉得我和萧丞相比哪个更贤能？"惠帝说："恐怕你还比不上萧丞相。"于是曹参说："您不如高皇帝，我不如萧丞相。那么，我们只要遵循他们原来的章程就行，何必强求有所作为呢？"

　　曹参遵循的是老子的无为思想。无为思想作为一种管理哲学在传统社会里多有应用，老子说："道常无为而无不为。"老子所说的道是治国之道、用兵之道。胡适在《中国哲学史大纲》里解释这一思想时说："大凡无为的政治思想，本意只是说，人君的聪明有限，本领有限，容易做错事，倒不如装呆偷懒、少闹一点乱子吧。"

　　无为鼓励不要贸然有所举动，以免出错。这在传统社会发展速度比较慢的情况下有一点道理。但在知识爆炸的现代社会，应该说已经过时了。人类进入了信息时代，我们生活的世界瞬息万变，人与人之间、国与国之间的竞争主要取决于创新能力。只有不断创新，才能跟上时代发展的潮流，不至于被淘汰，这就需要有为。

　　老子是辩证法的大师，他主张无为就是要使事物处于发展的初期阶段，矛盾不暴露，从而延缓或避免灭亡。实际上，矛盾总会出现，关键是找到解决它的办法。问题多，解决它的办法更多。人类

就是在不断解决矛盾中前进的。现代社会中，发展是硬道理，不发展就会灭亡。以无为的办法来推迟事物变化、发展，只能使自己失去机遇。

无为而治强调领导者"处无为之事，行不言之教""圣人抱一以为天下式"，其能否成功在于领导者对道的把握，本质上是人治，这与现代社会重视制度建设的思想也是背道而驰的。现代社会是制度化的社会，光靠领导者关在屋里琢磨某些抽象的大道理是没用的，关键在于针对所要解决的问题，采取民主方式汲取民众的智慧，制定出具有可操作性的规则和制度。

老子以后，韩非对无为思想进行了发展，使之成为一种"君人南面"之术，韩非说："明君无为于上，群臣竦惧于下。"意思是统治者要做到表面上不动声色，让臣下莫测高深，暗地里痛下杀手，这样才能镇得住人。中国古代历来的统治者在管理中都注意阴谋权术的运用，应该与此有关。无为而治发展成为阴谋权术，其最大特点是对人的不尊重，这与现代社会以人为本的管理理念是格格不入的。

劳心与劳力

孟子说："劳心者治人，劳力者治于人。"劳心可以理解为现在的脑力劳动，劳力则是现在的体力劳动。劳心者相当于所谓的白领，劳力者相当于所谓的蓝领。孟子说这话大概是为他们这些动口不动手的君子开脱的。轻视体力劳动的思想在孔子那里就有，当樊迟问孔子怎样种庄稼时，孔子就很不高兴，以至于在背后对其他学生说：樊迟真是个小人啊，君子怎么要干这些事呢？

无独有偶，古代西方的柏拉图在《理想国》里把人分成金、银、铜、铁四个阶层，其中黄金阶级是哲学家，白银阶级是武士，铜、铁是农夫、铁匠等体力劳动者。金银阶级是统治阶级，铜铁阶级是被统治阶级。

中西方古代哲人重脑力劳动轻体力劳动的原因很好理解，古代社会生产力落后，教育不发达，能够受教育成为知识者的只是很少一部分人，这些人自视为劳心者，是社会的管理阶层，由劳力者来供养他们是理所应当的。古圣贤的这些思想对于后来人的影响很大，古代有不少格言与这一思想一致，比如"万般皆下品，唯有读书高""书中自有颜如玉，书中自有万钟粟"等等。

即使在现在，好多人在潜意识里还是把人分为劳心和劳力两类，觉得前者高一点，更值得尊敬一点。每年中考，学生家长总是希望子女上高中，不希望子女上职高或技校。因为高中可以考大学，毕业能找到坐办公室的"好"工作，而技校、职高毕业后往往到车间。

实际上，随着社会的发展，劳心、劳力已经不像过去那样分明了。现在的劳力者，比如第一线的工人，往往一个人操纵价值几百万、上千万的流水线，他们的工作主要通过操纵电脑来完成。一些高级技师被视为同理论研究者一样重要的专家，他们的劳动是劳心和劳力的结合。与之相应，一些偏重劳心的行业也越来越重视动手能力。比如，现代科学家很大一部分时间用来做实验，不少大实验室在用人的时候特别看重动手能力。

　　现代社会追求人和人的平等，职业偏重劳心或偏重劳力，都是社会分工不同，而无高低贵贱之分。市场经济必然带来频繁的职业变动，有人今天劳心，明天劳力，还有的人一身数职，既劳心也劳力。所以，我们在升学、就业的问题上要跳出劳心、劳力的框框，只要对社会有益，只要自己干得高兴就行。

近朱者赤，近墨者黑

"近朱者赤，近墨者黑"这句话的意思是说，在一个人成长和发展过程中，外部环境起很大的作用，这里的环境多指人际环境。老百姓有一句类似的话，叫"跟好人学好人，跟坏人学坏人"。这句话看到了任何人都处在一定的社会关系中，人和人之间会发生一定的影响，因而有一定的道理。但是，把它绝对化，看不到个人自我成长过程中的主观能动性也是不科学的。

人在发展过程中，有两个方面的因素会起作用，一种是外在的因素，比如跟什么样的人在一起，周围的环境等等；一种是内在的因素，比如自己对自己的要求和期望，自己的理性、情感和意志等等。"近朱者赤，近墨者黑"比较多地看到了前一个方面，实际上事情没有这么简单。

人要生存和发展，有时不得不接触各色人等。社会生活是很复杂的，谁是朱、谁是墨有时候是很难区分的。谁都希望自己的周围都是正人君子，但这是不可能的。人们常说："画龙画虎难画骨，知人知面难知心。"

此外，社会生活中能够绝对地被定性为朱或墨的人也是少数，大多数人是既不朱也不墨。况且，现代社会是个忙忙碌碌的社会，人和人的接触又是那么频繁，我们不可能在同每个人接触之前都掂量一下此人是好是坏。真要是坏人，自有法律去对付他。现代社会是人和人平等的社会，一个人只要遵守法律、遵守公共交往的规则就是好人。在此限度之外，每个人都可以展示自己的个性。如果有人根据一己好恶把人分为朱和墨，再分别以青眼、白眼待之，是对他人人权的不尊重，也会使自己寸步难行。

　　说到底，近朱、近墨，都是外在原因，外在因素起作用要通过内因。柳下惠和柳下跖是亲兄弟，成长的环境应该相近，但是一为圣人，一为盗贼。古龙小说《绝代双娇》里有一个角色叫小鱼儿，一生下来就被十大恶人收养，他们想尽一切办法教他做坏事，可是小鱼儿最终还是成为正派人士。这说明在个人的成长过程中，个人的向善之心、个人的主观能动性有很大的决定作用。

勿友不如己者

"勿友不如己者"是孔子的教诲，意思是不要同不如自己的人做朋友。这句话的出发点很好，希望人们能够向比自己优秀的人学习，从而不断提高自己。但是逻辑上讲不通。比如张三认为李四是很优秀的人，希望与李四交朋友。从李四的立场来看，张三是所谓的不如己者，恐怕不会同他交朋友。

人和人之间比较，"如与不如"的标准值得探讨。传统社会所讲的人是"道德单向度的人"，孔子大概是从道德修养的角度说的，小人应该向君子学习，君子应该向贤人学习，贤人应该向圣人学习。在传统社会里，评价标准比较单一，许多事情是非自有公论，圣人、贤人、君子、小人，人和人道德上的等级往往分得很清楚，哪些人是"不如己者"，哪些人是"如己者"，甚至是超过自己的人，彼此心里都很清楚。

现代社会主张人的全面发展，同样一个人，他是经济人，又是政治人，还是文化人，有着多方面的属性。与此相应，评价人也就可以从多个方面着眼。品德仅仅是人的一个片面，一个道德上没有达到圣贤境界的人，如果在经济上做出了大贡献，而且又奉公守法，也应该承认他的价值。

传统社会以圣贤人格为理想人格，鼓励社会上所有的人都向圣贤学习，其理论前提是人与人之间的不平等。就其负面作用来说，是使不少人放弃了自己多方面发展的可能，被迫向自己的学习对象趋同，最终全社会都统一成单一的圣贤人格，而人格单一的社会是没有创造力的。

现代社会所需要的更多的是彼此平等，而又个性多样化，人和人之间无所谓"如己"与"不如己"，大家通过经济生活、政治生活连接为一个社会整体，每个人在坚持个性的同时又与他人融洽相处。人和人之间相比较，张三这个方面优秀一点，李四那个方面更胜一筹，无所谓谁向谁学习，更多的是互相学习。现代人的交往恐怕主要是感情上相互亲近、相互慰藉，如果刻意抱着一种随时准备学习、取经的态度与人交往，恐怕自己会很累，别人也会很不自在，从而影响人与人的交往，也影响友情的形成和深化。

"勿友不如己者"还有可能被人曲解，不排除现实生活中有些人以此为借口专门交往比自己有权有势的人，专走上层路线。这样做的结果不仅不能提高自己，反而往往因为一时功利目的，放弃自己的人格依附他人谋求发展，其结果和孔子的教诲背道而驰。

美的眼睛

　　有人说：生活中不是缺少美，而是缺少发现美的眼睛。的确，只要我们睁开眼睛，映入眼帘的有千姿百态的自然美、形形色色的生活美与斑驳陆离的艺术美。可是，并不是所有的人都能发现它。同是观赏一处风景，看一部电影，听一支曲子，每个人从中感受到的并不一样。能不能发现美，是一个人的审美能力所决定的。审美活动是人类一种高级的精神活动，审美能力也是人类一种高级的实践能力。所谓审美能力包括人的审美感受、欣赏能力、审美鉴赏能力，以及审美创造能力。

　　首先，人的审美能力与健全的社会化的感官有关系。人的感官具有双重性，既是生理机体的器官，又是文化审美的器官。人的感官中积淀了某种社会的因素，感性中熔铸了理性的东西。动物不可能做到这一点，它的感官无论如何发达，也只能是生物性的感官，不可能是文化审美的感官，不具有审美的能力。

　　我们以鹰来说，它的眼力确实比人敏锐，在几百米的高空可以发现目标，捕捉小鸡。但鹰的眼决不能像人的眼那样把画中的小鸡当作真的小鸡来欣赏，人可以通过想象看到小鸡栩栩如生的形态，仿佛听到小鸡的叫声，从而获得审美的愉悦。

　　动物的感官，未经人化，只有生物性。人的感官，未经过"人化"，亦只具有生物性，不可能成为审美的器官。比如出生后离开了人类社会的野孩、狼孩就是这样。他们失去了社会的教育与塑造，不可能具有人的感觉能力。

其次，每个人的审美能力都与自身的文化教养、生活经历、生理与心理特质等多种因素密切相关。那么，知识、生活经验的多寡就会影响到人们对美的认识与感受的深浅。

元曲《单刀赴会》中，关羽带着周仓，一叶扁舟，驶往东吴，面对着残阳映照下的江水，周仓连叫数声："好水！好水！"而关羽感叹："鏖兵的江水犹然热……二十年流不尽的英雄血。"面对同样的江水，两人的情怀大不相同。周仓不过是一名不识文字的粗鲁偏将，面对浩瀚的江水，他的感受能力和表达能力是有限的。而关羽熟读《春秋》，是威震华夏、独当一面的大将，两人的胸襟和气魄是不一样的。

审美能力的这种差异，除了跟文化素养有关，还与审美主体的精神感觉、实践感受有关。马克思曾经说，"忧心忡忡的穷人甚至对最美丽的景色也没有感觉""贩卖矿物的商人只看到矿物的商业价值，而看不到矿物的美的特性"。

那么我们如何增强自身审美能力呢？

第一，在审美实践中增强审美能力。

审美能力的提高绝非一蹴而就，必须付出艰苦的劳动，最重要的是进行各种审美实践，多接触各类艺术，多听、多看，在具体的审美实践中提高自己的审美能力。

第二，注意提高审美主体的文化素养。

审美能力和文化素质有关。腹有诗书气自华，便是说饱读诗书之人自然会有美的气质和风度。《红楼梦》中的林黛玉，锦心绣口，会写诗，会作词，才思神妙，增添了她身上典雅不俗的风度美。而只会说"一夜北风紧"的王熙凤，虽然漂亮，"恍若神仙妃子"，却缺乏一种意蕴。现实生活中，也是如此。漂亮的服饰、洒脱的举止，自然有一种风度美，但如果一开口便言谈平庸、浅薄，甚至粗俗，则风度之美锐减。所以，美和人的内在世界紧密相关。

第三，培养审美态度。

在审美过程中，审美者能否采取非实用、非功利的欣赏态度，是审美活动能否顺利进行的条件之一。审美活动与主体的价值、意义世界有关，但如果审美者的主观性超过一定的限度，可能就会产生偏见，影响审美活动的效果或其顺利进行。

劳与逸：剑术名家是怎样练成的

有这样一个故事，说一位年轻人跟一位剑术名家学习剑道。年轻人问老师："我每天花 8 个小时练剑，多少年能够练成？"老师说："10 年。"学生又问："如果我每天花 16 个小时呢？"老师说："20年。"学生问："如果彻夜不睡，除了吃饭的时间外，其他时间都用来练剑呢？"老师说："你一辈子也练不成。"这个故事蕴含的哲理是在人生中要处理好劳与逸的辩证关系。

劳与逸是一对辩证的对立统一体。劳与逸有明显的区别。劳，即劳动，包括体力劳动与脑力劳动。逸，即休息。劳动不等于休息，休息也不同于劳动。劳与逸又有密切的联系，劳离不开逸，逸也离不开劳。

古人说："一张一弛，文武之道也。"弓弦拉得过紧会断裂；放松了又会失去张力。只有劳逸相结合，才符合自然之道，有利于健康，增加生命的意义、情趣和幸福。古希腊的哲学家亚里士多德说，放松与娱乐是生活中不可缺少的要素。陶行知也指出，适当的休息，是健康的主要秘诀之一，千万不可忽略。劳逸结合的原则要求我们，劳动时要专心致志，全身心地投入其中，力求把事情办好。同时，也应该注意适当地休息，彻底放松。历史上的成功人物，都非常注意张与弛、劳与逸相结合。在劳逸结合的问题上我们要注意好以下几个方面：

一是脑力劳动和体力劳动要有机结合。体力劳动和脑力劳动是人类劳动的两种基本形态。如果只用体力而不动脑力，势必变成四肢发达而头脑简单的人。反之，只动脑力不用体力，就会体质下降，百病缠身，影响健康。实践证明，体力劳动者也需要开动脑筋，不断学习，增加知识，才能使其体力劳动创造出更多的劳动成果。脑力劳动者也要注意锻炼身体，增强体质，以便有更充沛的精力投入工作，进行富有成效的脑力劳动。曾国藩在北京做官时，写给子弟的信中总是要求他们一边读书、写字，一边种菜、养鱼。耕读传家是曾家的传统，耕是体力劳动，读是脑力劳动，两者结合，才能培养出全面发展的人。

二是要有适当的娱乐活动。孔子教授弟子的课程除了诗书以外，还有音乐。曾国藩同太平军作战时，每天要花几小时在围棋上。古人说"人无深嗜者，必无深情"，又说"不为无益之事，何以遣有涯之生"。适当的娱乐有利于人性的发展。作出伟大成就的人很多并不是我们想象中的工作狂，比如爱因斯坦，他的小提琴就拉得很好，有人说已经达到专业水平。我国数学家华罗庚、苏步青的诗都写得很好。

三是要注意休息好。诸葛亮英才盖世，但是不注意休息，事必躬亲，每件事情都要自己做了才放心，结果由于劳累过度，54岁就离开人间，杜甫有诗道："出师未捷身先死，长使英雄泪满巾。"美国的哈罗·海奇博士曾对176位平均年龄在44.3岁的工商界负责人做健康调查，结果表明，大约有三分之一的人，因为生活过度紧张而引起了心脏病、消化系统溃疡和高血压。对此现象，卡耐基深有感触："为了飞黄腾达的地位却要赔上如此高的代价，这难道可以称之为成功吗？如果一个人得到了全世界，却赔上了自己的健康，又有什么好处呢？就算拥有全世界，他也只能睡在一张床上，每天只能吃三顿饭。坦率地说，与其要我经营铁路公司或烟草公司而在45岁就赔上健康，倒不如在阿拉巴马州附近做个与牛为友的佃农来得愉快。"

逆境与顺境

"盖文王拘而演《周易》；仲尼厄而作《春秋》；屈原放逐，乃赋《离骚》；左丘失明，厥有《国语》；孙子膑脚，《兵法》修列；不韦迁蜀，世传《吕览》；韩非囚秦，《说难》《孤愤》；《诗》三百篇，大底圣贤发愤之所为作也。"这是司马迁在《报任安书》中的一段名言，他举的这几个历史名人，都是在厄运之中寻求机遇，最后成就了功业。

自然界中的水，所遇阻力越大，则冲破阻力后的冲力越大。个人在社会中的成长往往也是如此，磨难能够激发人的潜能，锻炼人的意志。许多大人物是在逆境中奋斗出来的，养尊处优的富贵子弟往往成不了才，古人说"自古雄才多磨难，从来纨绔少伟男"，就是说的这个道理。

人生在世，不如意事十有八九，人的精神、人的尊严只有在与命运的搏斗中才能显示出来。我们常常在生活中听到有人抱怨说家务事太多，做不成事业。老一辈宋词研究专家唐圭章，女儿两岁时妻子去世，从此先生终身未娶，既当爹，又当妈，一直培养女儿上大学。这当中唐先生付出了多少心血啊，可这并不妨碍他成为宋词研究第一人，此后恐怕也很难有人赶上他的水平。

鲁迅的一生可谓是一直在逆境中，幼年时饱尝家道败落的酸辛，早年奉母命娶了不喜欢的人，此后兄弟反目，往日的朋友大多成为敌人，但他始终铁骨铮铮，以笔为枪，写出了一篇篇从血管里喷出来的至情文章，警醒了一代代的中国人。

逆境对于人的成长不完全是坏事，但是我们也没有必要刻意制造逆境。对于逆境，我们还是要尽可能地把它转变为顺境。宋代哲学家朱熹写过一首诗《泛舟》，很说明问题。

> 昨夜江边春水生，
> 朦艟巨舰一毛轻。
> 向来枉费推移力，
> 此日中流自在行。

意思是说，大船停在浅滩上，要弄下水需要多少人推挽，费不少力气。但是春水涨了，船就浮起来了，像一毛之轻在河间顺利自在地航行。显然，水涨就是转化的条件，在此条件下，困境迎刃而解。但是在社会生活中，逆境向顺境的转化往往不这么容易，不会无缘无故，需要我们动脑筋，想办法，为之努力，创造出转化的条件。

奉献和索取

如何处理好奉献与索取的关系呢？对这个问题，《三国演义》里，曹操的回答是："宁教我负天下人，休教天下人负我。"《红灯记》里的鸠山劝降李玉和，说："人不为己，天诛地灭。"这种说法的缺漏显而易见，因为如果每个人只顾自己，不管他人死活，其结果必然是人和人之间的关系恶化，每个人都追求自我利益最大化，最后人人自危，个人利益得不到保证。

有一个民间故事说：岳父六十大寿，三个女婿与老丈人相约每人抬一坛酒，生日那天倒在酒缸里，痛饮一番，为老丈人祝寿。老丈人心想：三个女婿三坛酒，我就不用抬酒了，掺一坛水得了。三个女婿每个人都像老丈人这样想，每个人都准备了一坛水。到了那天，都抢着往里面倒水，结果自然是谁也没喝到酒。

在实际生活中，有些人为了个人的利益，不惜牺牲集体的利益。这样做的结果是集体利益蒙受损失，往往个人利益也随之失去。一个理想的社会，应该是每个人都为社会创造物质财富和精神财富，同时，又从社会获得自己所应得到的那一份。

社会上有一部分人，奉献得多，索取得少，像雷锋、张思德、白求恩那样，"毫不利己，专门利人"，我们应该肯定他们，应该向他们学习。乐于奉献是一种值得提倡的美德，但必须是出于自觉、自愿的选择。

我们必须独立面对世界

一名虔诚的佛教徒遇到了难事，便去庙里求拜观音。走进庙里，才发现观音的像前也有一个人在拜，那个人长得和观音一模一样，丝毫不差。

教徒问："你是观音吗？"

"是。"那人回答。

"那你为何还拜自己？"

"因为我也遇到了难事。"观音笑道，"可我知道，求人不如求己。"

这是一则关于佛的趣谈，它让人深思。想来凡人之所以为凡人，可能就是因为遇事喜欢求人。遇事求己，这是一种自信。俗话说"天下没有不散的宴席"，《增广贤文》里说"父母恩深终有别，夫妻情深也分离"。人生最困难的时候，往往需要独自面对世界。

同治元年八月底，曾国藩的弟弟曾国荃在金陵被围，其时曾国藩在安庆。得到讯息，已在十日之后，曾国藩迅速调拨增援部队。他感叹道："兄弟相隔，不能相顾。虽百计救助，而信到金陵，已在敌到十日之外。乃知军事之际，父子兄弟不能相顾，全靠一己耳。"

每个人在其一生中必定有很多时候得独自面对世界，在此过程中，个人的能力、品质能够得到充分的发挥。《三国演义》里的关羽，千里走单骑，过五关，斩六将，在此过程中，他的人品、武艺得到印证和提升。苏武牧羊，一个人在异域十多年，但他的坚守磨砺了自己的气节。

这些都是大人物，作为生活中的普通人我们也要学会独自面对世界，这就要求我们提高自身的内在力量，把自己的力量支点放在自己身上。

独自面对世界，需要运用自己的独立思维能力，开动脑筋想办法。每一个成功人物的路都是自己走出来的，人是唯一会自己设计自己的动物。存在主义告诉我们，人在自己的不断选择中赋予自己人之为人的本质，人的本质是开放的。清末状元张謇，原为封建士大夫，在近代中西文化冲撞过程中，他主张变法图强，后来见官场黑暗，仕途不可为，辞官办实业。终于成为中国近代四大实业家之一。人的内在思维能力和选择能力，是任何人都剥夺不了的。古语说，"天作孽，犹可违，自作孽，不可活"，佛教说，"苦海无边誓愿渡"，都是对人的这种能力的肯定。

独立面对世界需要坚强的意志力。意志的一方面是确立方向后的专一，古代一个寓言说，有两个人跟全国十分有名的棋手弈秋学棋，其中一个人老是分神，比如想着是不是有鸟要飞过来。另外一个人很专心，从不分神。结果，当然是那个专心的人学成了。意志的另一方面是行为的坚忍性。历史上许多伟大成就都要经过多年的努力。如达尔文写《物种起源》，前后经历了27年；曹雪芹写《红楼梦》，批阅十载，增删五次。法国生物学家巴斯德曾经说过："告诉你使我达到目标的奥秘吧！我唯一的力量就是我的坚持精神。"

读书笔记

·我们经常会听到"近朱者赤，近墨者黑"这样的说法。这是意识到了外在因素对人的发展的影响。但同时，内在因素同样会对人产生很大的影响。在寻求更好的发展环境的同时我们要充分发挥自己的主观能动性。

·审美能力包括人的审美感受、欣赏能力、审美鉴赏能力和审美创造能力。为了提高自身的审美能力，我们要在审美实践中增强审美能力，提高自己的文化素养，同时还要培养自己的审美态度。

·劳和逸是辩证的对立统一体。我们要劳逸结合，把脑力劳动和体力劳动有机结合起来，进行适当的娱乐活动，同时还要注意休息。

·我们要学会独自面对世界，就要运用自己的独立思维能力，培养坚强的意志力，这样才能在面对困难时保持自我。